© www.kevynmajorhoward.com

JAMES VAN PRAAGH es autor bestseller del *New York Times* de *Talking to Heaven* y *Reaching to Heaven*. Actualmente, Van Praagh es el cocreador y coproductor ejecutivo de la serie de televisión *Ghost Whisperer,* el drama que lleva el primer lugar en la cadena CBS, protagonizado por Jennifer Love Hewitt. Van Praagh está desarrollando nuevos proyectos para Paramount y es conductor invitado de los programas *Entertainment Tonight* y *The Insider.* Para encontrar más información sobre el autor, visite su página web: www.vanpraagh.com.

Fantasmas entre nosotros

Descubre la verdad sobre el mundo de los espíritus

James Van Praagh

Traducido del inglés por Magdalena Holguín

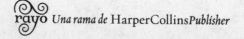

rayo *Una rama de HarperCollinsPublisher*

Los libros de HarperCollins pueden ser adquiridos para uso educacional, comercial o promocional. Para recibir más información, diríjase a: Special Markets Department, HarperCollins Publishers, 10 East 53rd Street, New York, NY 10022.

Diseño del libro por Level C

Este libro fue publicado originalmente en inglés en el año 2008 por HarperOne, una rama de HarperCollins Publishers.

PRIMERA EDICIÓN RAYO, 2008

Library of Congress ha catalogado la edición en inglés.

ISBN: 978-0-06-166126-6

08 09 10 11 12 DIX/RRD 10 9 8 7 6 5 4 3 2 1

A Patricia Ford Bodine,
Mi primer mentor, quien me enseñó que
una buena historia de fantasmas no es la que
solamente se lee, sino la que se vive.

Agradecimientos

BBB—Nunca conocí el sentido de la vida hasta que me enseñaste a amar.

Linda Tomchin—Gracias, como siempre, por darle una voz a los fantasmas.

Sam—Quien comprende las cosas por sí misma, siendo esto algo bueno... ¿verdad?

Los "chicos"—Me enorgullezco de llamarlos mis hijos. ¡Vivan, amen y prosperen!

Cammy Farone—Nunca podré expresar el aprecio que siento por todo lo que haces. Tu incansable devoción al sitio web y tu ayuda a los demás para que salgan de su dolor es inigualable.

Kelley Kreinbrink—Aprecio que estés ahí para recoger los pedazos y armarlos otra vez.

Bernadette—Eres realmente un ángel y una sanadora.

Desde las criaturas de cuatro patas hasta las de dos, gracias por compartir tu bondad y compasión.

Ruth—Eres realmente el significado de familia. Gracias por ser parte de la mía.

Christian—¡Ella es demasiado! Gracias por la amistad, las risas y el amor. ¡Te dejo con esto!

Joerdie Fisher—Mamá, gracias por vivir tu verdad y por dar a los otros el valor de mirar en su interior para encontrar la suya.

Marilyn Jensen—Bendiciones para mi única y especial Ruby Star.

Peter Redgrove—Gracias por compartir cada paso de esta estadía en la tierra. Algún día la contemplaremos desde el otro lado y sabremos que valió la pena.

Mary Ann Saxon—Me siento bendecido de poder llamarte una amiga verdadera y sincera. La Navidad siempre será nuestra.

Cindy Schacher—Con todo tu amor, apoyo y chispas, le ganarías incluso a Campanita.

Mary Ann Winkowski—Eres y siempre serás mi cazafantasmas predilecto. Gracias por mantener los pies en la tierra mientras otros se pierden en el espacio.

Scott Schwimer—Gracias por estar siempre ahí a lo largo de los años. Me siento bendecido de conocerte.

Gideon Weil—Seguramente te envió el cielo. Eres el mejor editor que pueda tener un autor. Gracias por todo el ánimo que me has dado.

A todos los fantasmas que conocí en la tierra—nos veremos cuando llegue al cielo.

Contenido

Introducción

Está leyendo este libro ahora porque siente curiosidad por los fantasmas, la comunicación con los espíritus o la vida después de la muerte. Nunca antes ha habido una curiosidad tan abrumadora por todas las cosas fantasmales. Cada vez más personas comparten el profundo deseo de tener este conocimiento y un sincero interés en desarrollar su capacidad en este tema. Creo que, como sociedad, hemos evolucionado espiritualmente; hemos abandonado ideas preconcebidas y nos hemos apartado de los salones de sesiones de espiritismo y de formas espectrales y hemos abierto nuestras mentes a la verdad acerca del mundo incomprendido y elusivo de los fantasmas.

Hoy en día, los fantasmas se encuentran en la misma posición que detentaban los médium y la comunicación con los espíritus más de diez años atrás. Cuando mi primer libro,

Talking to Heaven, ocupó el primer lugar en la lista bestseller del *New York Times* en 1997, fue elogiado como "el libro que se apoderó inesperadamente del mundo de las publicaciones". Desde su modesta edición inicial de 6.000 ejemplares, pronto llegó a los 600.000 ejemplares en los dos meses siguientes. Creo que el éxito del libro fue el resultado directo de mi presentación en el programa de televisión *Larry King Live* el 13 de diciembre de 1997. Era la primera vez que un médium aparecía como invitado en este programa, y la primera vez que mensajes espirituales de los muertos eran transmitidos a una audiencia internacional. Me dijeron que las líneas telefónicas estaban congestionadas mientras estuve en el programa y que la gente continuó llamando durante varios días después de la emisión. Ante tal respuesta, los productores del programa me pidieron que regresara y, dos semanas más tarde, me presenté de nuevo en *Larry King Live*. Luego me invitaron a presentarme en todos los principales programas diarios de televisión y de radio.

Obviamente, había tocado un punto sensible. A donde quiera que fuera, la gente deseaba saber si sus parientes fallecidos se encontraban cerca de ellos, si sabía lo que estaban haciendo, si podía ver a los muertos todo el tiempo. Parecía que el público nunca se saciaba de hablar con los muertos. A su vez, muchas personas compartían conmigo sus propias experiencias de comunicación con los espíritus. Fue como si el libro le hubiese dado a la gente el derecho a dedicarse a un tema que había sido considerado tabú y, que casi de un día a otro, se había convertido en la última moda. Los médium comenzaron a aparecer por todas partes. Se escribieron más libros, se produjeron más programas de televisión, se rodaron más películas que describían el mundo de los médium.

Ahora, esta misma tendencia se da con los fantasmas.

Los fantasmas hoy en día forman parte de la corriente principal. Ya no es posible desconocer el hecho de que la gente tiene un idilio permanente con los fantasmas. Una gran cantidad de programas en todo el mundo están adquiriendo espacio en las ondas de la televisión. Es posible salir a cazar fantasmas, experimentar la presencia de un espanto, presenciar una posesión, todo en una sola tarde. Mientras el mundo disfruta de este entretenimiento de fantasmas que se ha hecho popular, los fantasmas pueden ser traviesos y causar tremenda conmoción a los aspirantes desprevenidos que se aventuran ignorantes en su mundo invisible.

Cuando estaba desarrollando mi propio programa, *The Ghost Whisperer*, en 2004, sentí la fuerte responsabilidad de describir el mundo de los fantasmas tan exactamente como fuese posible, porque la televisión no es sólo un medio de entretener, sino también una herramienta para educar. Después de recibir seiscientos correos electrónicos en los que se me preguntaba si todo lo que aparecía en *The Ghost Whisperer* era cierto, sentí la obligación de aclarar las complejidades del lado fantasmal de la vida. Con la redacción de este libro, mi esperanza es ofrecerles a ustedes, los lectores, una nueva comprensión y aprecio de las fuerzas invisibles que, aun cuando muertas, continúan siendo parte importante de sus vidas cotidianas. Quiero que puedan distinguir la verdad de la ficción, la comprensión de los adornos.

Durante los últimos veinticinco años, he escuchado y presenciado las andanzas de miles de fantasmas que existen en los lugares más inesperados. Estas experiencias me han hecho agudamente consciente de la complejidad de la experiencia humana, y de los duraderos resultados de la angustia mental y emocional.

La ciencia está muy bien, pero cuando se puede obtener información de primera mano de un fantasma, nada hay mejor que eso. Este tema adquiere todo un nuevo nivel de comprensión cuando la comprensión y las palabras provienen directamente de los fantasmas que nos obsesionan. Muchas personas se preguntan dónde está el mundo de los fantasmas. ¿Están siempre a nuestro alrededor? ¿Lo ven todo? Mi deseo es ofrecer una comprensión y ejemplos de cómo compartimos nuestro espacio con fantasmas, y mostrar que forman parte de la vida de todos nosotros. Al hacernos más conscientes de los fantasmas y los espíritus, aprendemos que sentir las otras dimensiones que nos rodean no es una experiencia limitada a un grupo exclusivo de personas, sino una experiencia que todos podemos tener. En resumen, hay más poder en el conocimiento y la conciencia que en la ignorancia.

Cuando era niño, sabía que era diferente. Había estado viendo fantasmas desde que estaba en la cuna. Por qué tenía esta entrada única al otro lado, realmente no lo sé. A medida que crecía, aprendí que nadie veía lo que veía yo y, por lo tanto, debía aprender a manejar el secreto de vivir con fantasmas. Esto no es tan sencillo para un niño que quiere ser como los demás. Muchas veces tuve que reconciliar lo que veía con lo que se me decía sobre el mundo invisible. Pronto advertí que las creencias de la gente sobre los fantasmas y la vida después de la muerte eran bastante aterradoras. Me tomó cierto tiempo diferenciar mis propios sentimientos de los sentimientos de los fantasmas que me rodeaban. Al igual que la gente, algunos fantasmas eran atemorizadores y otros amables. En su mayoría, los extraños invisibles que entraron a mi vida, en última instancia, la cambiaron para siempre de una manera positiva.

Entonces, ¿por qué hay fantasmas? ¿Todos los fantasmas espantan a los vivos? ¿Hay fantasmas buenos y malos? Y ¿qué podemos hacer con toda esta información?

La travesía más allá de esta tierra es de increíble belleza y creatividad. Sólo aquellos de nosotros con miedo a lo desconocido elegimos quedarnos atrás y aferrarnos a esta atmósfera terrenal. Estos fantasmas atados a la tierra son aquellos sobre los cuales se escribe en los relatos de fantasmas y en las películas de terror. No todos los fantasmas atemorizan; sin embargo, cuanto más conocimiento tengamos, mejor podremos protegernos de aquellos fantasmas atados a la tierra que quieren invadir nuestro ambiente físico. Estos fantasmas pueden ser una influencia negativa para nosotros, nos pueden llevar a hacer cosas que de otra manera no haríamos y pueden lograr mantenernos encerrados en un mundo de temor y dolor. Por otra parte, hay espíritus que pueden guiarnos para que hagamos lo correcto y persigamos nuestros sueños, y que nos alientan, haciendo una diferencia positiva en nuestras vidas. Podemos hacernos conscientes de la energía de los fantasmas si comprendemos nuestra propia energía. Podemos sentir a los fantasmas utilizando nuestra intuición, y podemos sintonizarnos con las fuerzas espirituales que nos rodean para obtener una perspectiva adecuada de nosotros mismos en el mundo.

Pueden usar este libro como una guía. Hay abundantes ejemplos acerca de cómo los fantasmas han influido en mi vida y en la de otras personas. Hay técnicas, meditaciones y diversas maneras de ponernos en contacto con los fantasmas y de saber cuándo han entrado en nuestra vida.

Sin embargo, antes de dar el primer paso, observen el mundo que conocen. Cuando terminen de leer este libro, este mundo ya nunca les parecerá igual.

Crecer con fantasmas

"Veo personas muertas". Estas tres palabras de la película *El sexto sentido* se han incorporado a la cultura popular y siempre serán sinónimas de la forma como una persona describe su capacidad de ver fantasmas y de comunicarse con ellos. Desde que se estrenó esta película de enorme éxito en 1999, se ha producido toda una avalancha de libros, películas y programas de televisión, la mayor parte de los cuales nunca se habrían visto hace una década. Ya nadie parece estar a salvo de un encuentro o dos con fantasmas. De hecho, la gente se me acerca todo el tiempo para describir sus historias, a menudo increíbles, sobre apariciones de fantasmas. Estoy profundamente agradecido de haber podido ser parte de quienes educan a otros sobre la comunicación con los espíritus y sobre la vida después de la muerte.

Para iniciar este viaje de descubrimiento, primero quiero

asegurar a todos que la muerte no existe. La muerte se refiere únicamente al final del cuerpo físico. Digo esto con
certeza, porque desde la edad de dos años, he estado comunicándome con "los muertos". Los fantasmas caminan entre
nosotros, impresionándonos con su amor, guiándonos con
su sabiduría y protegiéndonos de todo daño.

EL AMOR DE UN ABUELO

Nunca olvidaré la primera vez que fui consciente de las personas del otro mundo. Era un bebé en mi cuna y escuché el
sonido de una risa adulta que provenía de otra habitación.
Deseaba tanto estar fuera de mi cuna y estar con mis padres.
Al igual que muchos bebés, lloré para llamar su atención. Mi
madre entró en la habitación, me alzó y me tranquilizó un
rato, luego me dejó solo de nuevo. No comprendía que yo
quería estar con ella y con los otros adultos en aquella otra
habitación. Noche tras noche, permanecía despierto y escu-
chaba a los adultos.

Después de un rato, fui consciente de unas luces dimi-
nutas y brillantes que danzaban alrededor de mi habitación, formando figuras únicas sobre la pared y alrededor de
mi cuna. Estas luces brillantes me fascinaban. Luego, una
noche, las luces se unieron y formaron una figura. Podía ver
la sombra de un hombre que se encontraba en el rincón de
la habitación; sus brillantes ojos azules penetraban la oscuridad. Había un brillo a su alrededor, un brillo que venía de su
interior. Sentía que su presencia era tranquilizante y amorosa. Mientras se aproximaba a mi cuna, sonreía. No había
nada que temer; en realidad, me resultaba conocido. Aun
cuando no emitió palabra, yo podía comprender sus pen-

samientos. Después de su primera aparición, este fantasma me visitaba ocasionalmente y me enviaba pensamientos telepáticos sobre ponis pintados que trotaban alrededor de un aro de figuras de colores. Yo comprendía sus pensamientos porque eran en forma de imágenes y siempre sentí una gran cantidad de luz y amor de su parte. Al crecer, sus visitas cesaron.

Cuando iba a entrar al jardín infantil, solía pasar muchos fines de semana visitando a mi abuela. Los dos compartíamos un vínculo muy especial, y nuestros encuentros siempre estaban llenos de risas junto con una comida deliciosa. Durante una de mis visitas al apartamento de mi abuela, miré un álbum de fotografías. Ella se sentó a mi lado y me contaba de las personas que aparecían en las fotos. Cuando vi la foto del hombre de los ojos brillantes, parado frente a un árbol, la señalé y pregunté, "¿Quién es este?"

"Es tu abuelo", dijo. "Murió antes de que tú nacieras. Vino de Inglaterra y trabajó en el rodeo. Sabes, también trabajó instalando las carpas para el programa de Búfalo Bill".

"Yo lo conozco, abuela. Solía visitarme cuando era un bebé y contarme cuentos sobre los caballos".

Mi abuela sonrió. Sé que no me creyó. Sólo dijo, "Le fascinaba relatar historias sobre los vaqueros y los indios".

Años más tarde, cuando había comenzado mi trabajo como médium, recuerdo haber terminado una lectura y apagado mi grabadora y desde la esquina de la habitación, escuché a un fantasma que decía "Bien hecho, James. ¡Estoy orgulloso de ti, hijo!" El tono amable desencadenó un recuerdo lejano del hombre con los brillantes ojos azules. Sabía que era mi abuelo. Era una tranquilidad saber que todavía estaba cerca, cuidando de mí.

LA SENSIBILIDAD DE UN NIÑO

Las visitas de mis fantasmas se habían convertido en una parte especial de mi vida pero, a diferencia del niño de *El sexto sentido,* nunca me sentí temeroso de ver o escuchar fantasmas, porque se me aparecían como órbitas de luz. Todo esto me parecía tan natural, como si todos pudieran ver lo que yo veía.

No obstante, yo era un niño sensible. Recuerdo haber sido terriblemente tímido; no hablaba con muchas personas excepto mi madre y hermanos. Aparte de ver fantasmas, mi infancia fue bastante normal. Vivíamos en una pequeña casa en un vecindario residencial de Bayside, Queens. La calle siempre estaba llena de chicos que jugaban al fútbol o montaban en bicicleta. A medida que crecía, mi timidez desapareció y me hice más comunicativo y extrovertido.

Sin embargo, siempre fui agudamente consciente de los demás, y podía sentir cómo iban a actuar antes de que lo hicieran. Podía saber también cuando alguien era sincero y confiable o engañoso y mentiroso. Nunca fui realmente cercano a ninguno de mis compañeros de escuela; ni siquiera mi mejor amigo sabía que yo veía fantasmas. En ocasiones me sentía como un extraño en tierra ajena. Me di cuenta de que era diferente y debía aceptar este hecho.

Parecía que los únicos en quienes confiaba eran fantasmas. Siempre se mostraban amistosos e interesados en mi bienestar. Me ilusionaba comunicarme con estos seres, pues eran los únicos que sabían realmente quién era yo. Eran mis verdaderos amigos y me sentía muy seguro cuando estaban a mi alrededor. Mi madre era el único ser humano en quien confiaba. Ella sabía de mi vida secreta con los fantasmas. Temiendo por mi bienestar, solía advertirme, "Jamie, nunca le digas a nadie lo que ves. No entenderán de qué estás hablando. Eres diferente de los otros niños". Sucedía que mi madre también era diferente. Era extremadamente psíquica y tenía la habilidad de predecir acontecimientos antes de que ocurrieran. En ocasiones, cuando pasaba al lado de su habitación, la sorprendía hablando con sus padres, que habían fallecido. Yo lo sabía, porque podía ver sus figuras fantasmales al pie de su cama.

LOS FANTASMAS EN LA IGLESIA

Al igual que muchos niños católicos de mi vecindario, asistía a la Escuela Católica del Sagrado Corazón. Mi madre y yo íbamos a misa todos los domingos. Nos encantaba sentarnos en la galería con el coro, porque así teníamos una vista de toda la gente que estaba en los reclinatorios y del sacerdote en el altar. La única cosa que realmente me asustaba era el crucifijo de quince pies de alto con el pobre Jesús clavado en él. Solía preguntarme por qué la gente representaba a Dios sufriendo de esta manera. Admito que no siempre comprendía lo que estaba pasando y realmente no me interesaba. No obstante, disfrutaba los coros y el aroma del incienso. Por aquella época la misa se decía en latín. Habitualmente, me sumía en un estado alterado de conciencia mientras el padre repetía palabras en un lenguaje que yo no comprendía. Veía miles de fantasmas paseándose por las naves de la iglesia. Algunos se arrodillaban delante de las estatuas, otros seguían al sacerdote en el altar, pero la mayor parte de ellos se encontraban al lado de las personas que asistían a la iglesia. Al mirar hacia abajo desde el balcón, podía ver los padres que habían muerto al lado de sus hijos, compartiendo con ellos la misa. Podía ver muchos fantasmas de niños corriendo por la iglesia, jugando con el cabello o con la ropa de los niños vivos. Algunos de los niños eran conscientes de los fantasmas y jugaban también con ellos. En ocasiones un niño se asustaba y dejaba salir un grito; uno de sus padres se volvía y lo reñía para que permaneciera en silencio. Todo esto me parecía un juego divertido.

En otras ocasiones, veía fantasmas que se arrodillaban delante de las estatuas de María, de Jesús o de alguno de los santos. Solía preguntar a mi madre, "¿Por qué necesitan venir a la iglesia a rezar a las estatuas? ¿No ven a Jesús y a María en el cielo?" Mi madre respondía, "Algunas personas tienen viejas costumbres que las hacen sentir bien".

En general, una iglesia es un vórtice de energía espiritual, con independencia de su credo o denominación. La gente se reúne como grupo para adorar, contemplar y orar en nombre de Dios. Estas acciones llenan de energía el mundo espiritual y los fantasmas acuden para influenciarnos con su amor y orientación. No es de sorprender, entonces, que las iglesias sean lugares donde la gente encuentra un refugio seguro.

Tengo un vívido recuerdo de un domingo en particular, cuando el sacerdote que estaba en el altar sostenía la hostia (la oblea delgada y redonda que representa el cuerpo de Cristo) sobre su cabeza para consagrarla. Repitió una oración en latín y todos respondieron. En ese instante vi varios espíritus iluminados, vestidos con túnicas blancas, que atravesaban la pared del tabernáculo. Supe que eran fantasmas especiales del cielo porque podía sentir una sensación de adoración y reverencia. Al sentirme tan conmovido, dije en voz alta, "Mamá, mira a esos hombres de blanco en el altar, ¿son ángeles?" Todas las personas que estaban en la galería se volvieron a mirarme. La mirada sorprendida y severa de mi madre lo dijo todo. Supe que sería mejor mantener la boca cerrada antes de crearme más problemas. Ciertamente no deseaba indisponer a mi madre más de lo que ya lo había hecho. No obstante, siempre recordaré aquella bella visión. Ver a aquellos mensajeros celestiales ha sido una de las muchas fuentes de inspiración que he tenido a lo largo de esta maravillosa travesía.

LA DAMA VESTIDA DE ROSA

Un año después de haber hecho mi primera comunión, estaba un domingo en misa con los compañeros de la clase. Todos nos sentábamos en la primera banca de la iglesia. Por aquella época para comulgar era preciso ayunar. Hacia la mitad de la misa, antes del Padre Nuestro, sentí un intenso dolor en el estómago. Pensé que era mi pobre estómago vacío que exigía comida. El dolor fue tan intenso que me vi obligado a acostarme en el suelo entre la banca y el reclinatorio. La voz del sacerdote se perdió en el trasfondo y sentí la nuca húmeda de sudor. Deseaba que alguien viniera en mi ayuda, pero temía que me riñeran las monjas por actuar de forma extraña, así que permanecí inmóvil. Unos minutos más tarde, estaba en mi propio mundo. Súbitamente levanté la vista y una dama bellísima, en un traje rosado, de cabello rojo, ojos azules y la piel más suave que haya visto en mi vida, se inclinó sobre mí. La mire a los ojos y la escuché con claridad a través del sonido de la misa.

No te preocupes por lo que piensen los demás, James. Nunca debes avergonzarte de ser quien eres. Así como yo te estoy ayudando hoy, algún día ayudarás a otros de la misma manera. Les darás paz. Ámate a ti mismo, y todo estará bien.

Desperté de este estado semejante a un trance y conseguí moverme de manera que pude reclinarme contra la banca. Para entonces, el sacerdote recitaba las oraciones finales. Conseguí sentarme y miré a mi alrededor. La dama de rosa había desaparecido. Mientras miraba a los otros niños, advertí que nadie quería mirarme a los ojos. *¿Qué podrían estar pensando?* me pregunté. Permanecí en silencio, porque todavía me sentía un poco maravillado y confundido sobre la dama de rosa. Fue sólo muchos años más tarde cuando comprendí su mensaje. Fue uno de los muchos mensajes que había recibido de los fantasmas sobre llevar paz, esperanza y amor a otros.

UN RESCATE FANTASMAL

Dado que era un joven tímido y sensible, no tenía muchos amigos. No me agradaban los deportes, tampoco era el payaso de la clase. Era bastante amistoso, pero no con todos y, especialmente, no con los chicos que causaban problemas en la escuela. Me parecían sencillamente ridículos. Siempre intentaban llamar la atención.

Cuando estaba en quinto grado, Mike Marks era el matón de la clase. Mike siempre se sentaba en la parte de atrás del salón para poder hacer ruidos que perturbaran la concentración de todos. Se enojaba con facilidad y tenía un lado malo que era difícil de controlar. Nuestro profesor de historia, el señor Reed, era habitualmente un hombre tranquilo. Era elocuente e inteligente y siempre parecía conseguir que la historia cobrara vida para nosotros. Un día Mike sacó al señor Reed de sus casillas. El señor lo llamó al frente de la clase y lo golpeó con su vara para señalar. Fue difícil ver cómo Mike era azotado, aun cuando se lo mereciera. Fue entonces cuando vi el fantasma. Al igual que muchas de mis visiones, este fantasma estaba rodeado de una luz luminosa. Era la figura de un hombre alto, de cabello castaño y rasgos oscuros, Swarthy. Se encontraba a la derecha de Mike y veía con tristeza cómo lo azotaban. En un momento dado, el fantasma se cubrió la cara con las manos para no ver la horrible escena. Me di cuenta de que se trataba del padre de Mike y quise decirle lo triste que estaba. Deseaba poder transmitirle el mensaje a Mike, pero era imposible hacerlo en aquel momento. Sentía lástima por él. Siempre había pensado que probablemente su padre lo golpeaba y por eso se comportaba como lo hacía. Quizás sus estallidos eran un grito para pedir ayuda. Por fuera de la escuela, sólo veía a Mike en las reuniones de los niños exploradores. Allí se comportaba tan ruidosa y desagradablemente como lo hacía en la escuela.

Un día, cuando regresaba a casa de la escuela, Mike caminaba detrás de mí y se dirigía en la misma dirección. Me alcanzó y me preguntó si podíamos caminar juntos. Sólo acepté porque pensé que era agradable para mí estar con el gran matón. Sugirió que tomáramos el camino de los rieles del ferrocarril.

"No está por mi camino", dije tímidamente.

Mike tomó una piedra y apuntó a mi cabeza con ella. Yo estaba petrificado. En un tono amenazador dijo, "Haz lo que digo o te rompo la cabeza".

Caminé con Mike durante más de cuarenta y cinco minutos hasta el riel del tren. Era el lugar más apartado cerca de la autopista de Clearview. Nadie estaba allí pues nadie tenía una razón para hacerlo. Para entonces, Mike había soltado la piedra así que pensé que estaba bromeando conmigo. Cuando llegamos al riel, Mike me dijo que me quitara mis zapatos.

"Vamos Mike", dije. "La broma ha terminado. Me voy a casa".

Mike se enojó de nuevo. "Hazlo o te daré una paliza".

Rápidamente me quite los zapatos y se los entregué a Mike.

Sosteniendo los zapatos sobre la autopista, Mike dijo, "Di que soy maravilloso o los lanzo a la autopista".

No sabía qué sería peor —recibir una paliza de Mike o un castigo de mi padre por perder los zapatos. Pensé que Mike estaba loco y sólo quería alejarme de él. Comencé a correr, pero Mike me alcanzó y me derribó. Mis manos y mi cara golpearon el suelo con fuerza.

Comencé a rogar. "¿Por qué haces esto?"

"Porque puedo. ¿No sabes que soy fantástico?"

Comencé a correr otra vez. Esta vez, cuando me atrapó, me sostuvo sobre el tráfico de la tarde que pasaba velozmente. Estaba aterrado; era lo suficientemente loco como para empujarme.

"¡Suéltame!" grité.

Mike sólo reía.

Súbitamente, el fantasma que había visto al lado de Mike en la escuela regresó. Lucía igual, sólo que esta vez parecía más brillante. El fantasma me transmitió sus pensamientos.

Soy Michael, el padre de Mike.

"Tu padre me está hablando", le dije a Mike.

"¿De qué hablas?" gritó Mike como respuesta.

"Tu padre está acá con nosotros".

Mike me puso de nuevo en el suelo y me miró como si fuese yo el loco.

"Tu padre está diciendo que no fue tu culpa. Estaba ebrio y tuvo un accidente de auto".

Mike me contempló fijamente.

"Dice que debía haber asistido a tu juego de béisbol, pero que no lo hizo porque murió la noche anterior".

"Eso no es verdad", insistió Mike. "Mi madre dice que nos abandonó".

El padre de Mike me dijo que su esposa había mentido porque se sentía culpable por tener una aventura. Le había pedido el divorcio al padre de Mike el día en que éste murió.

"No te culpes", dije. "No fue tu culpa. Dice que se siente muy orgulloso de ti y que lamenta que no sepas la verdad sobre su muerte".

Mike me lanzó los zapatos y huyó. El fantasma me agradeció por decirle la verdad a su hijo.

Sentí lástima por el fantasma, pero le agradecí que me hubiera salvado la vida.

Mike nunca más me habló. Supe por mi madre que el padre de Mike, en efecto, había muerto en un accidente de auto. Un año después de aquel incidente, Mike desapareció del vecindario. Escuché luego que asistía a una escuela militar al norte del estado de Nueva York.

UN NUEVO COMIENZO

Cuanto más crecía, menor era mi interés por los fantasmas. Pasé un año en una escuela donde se nos preparaba para el seminario y me di cuenta que, aun cuando estaba buscando respuestas, la Iglesia Católica no era el lugar donde las hallaría. Cuando ingresé a la escuela pública estaba demasiado ocupado con ser un adolescente como para interesarme por el otro lado. Continuaba siendo muy intuitivo pero, de alguna forma, cerré el portal a mis visiones. Para entonces había ingresado a San Francisco State College y estudiaba comunicaciones. Quería trabajar como guionista de comedias para la televisión.

Después de terminar la universidad me mudé a Los Ángeles, donde obtuve una serie de trabajos diferentes en la industria del cine para aprender de qué se trataba. Un día Carol, una amiga de la oficina, me pidió que la acompañara a una sesión de espiritismo. No estaba seguro de querer reanudar toda esta historia con los fantasmas de nuevo, pero la acompañé, principalmente por curiosidad. Allí conocí a Brian E. Hurst, un médium muy conocido y talentoso. En un momento de la sesión, Brian se volvió hacia mí y dijo, "Los espíritus me dicen que eres un médium de talento y que algún día tú también trabajarás en esto".

Pensé para mis adentros, *¡Por supuesto que no! No estoy tan loco. Seré un guionista de televisión, no alguien que le habla a los muertos.* Sin embargo, se despertó mi interés y continué asistiendo a las sesiones semanales de Brian.

Al final comencé a ver fantasmas otra vez, al igual que cuando era niño. Entonces comencé a dar mis propias lecturas individuales, primero con amigos, luego con personas que me eran remitidas. Un año más tarde, las lecturas se habían convertido en un trabajo de tiempo completo y me vi obligado a tomar una decisión. ¿Iba a dejar mis lecturas para dedicarme a la televisión o iba a dejar la televisión para dedicarme a la comunicación con los fantasmas? Sobra decirlo, renuncié a mi empleo en el negocio del entretenimiento y me convertí en un médium de tiempo completo. Esto sucedió hace casi veinticinco años y desde entonces ha sido como una montaña rusa.

Después de haber viajado alrededor del mundo, puedo decir, sin lugar a dudas, que los fantasmas están entre nosotros en todas partes.

Dejar el cuerpo

En mi campo de trabajo, constantemente me hacen la misma pregunta. ¿Cómo es morir? ¿Hay realmente una vida después de la muerte y, si la hay, a dónde vamos? ¿Sentimos dolor?

La muerte es la gran incógnita. Para cuando se aproxima el final de nuestros días, hemos desarrollado tantas ideas preconcebidas sobre la muerte y el morir, con base en creencias religiosas y sociales, que no tenemos una verdadera comprensión de este acontecimiento. Aun cuando la experiencia de muerte de cada persona es individual, con base en mi comunicación con los espíritus, puedo decirles que hay algunas similitudes increíbles en esta transición.

- Sin importar qué factores estén presentes en la muerte —homicidio, suicidio, explosión, accidente, vejez—

siempre hay una constante. No hay ningún dolor al morir. Nunca puedo repetir esto lo suficiente. De hecho, es esta ausencia de dolor lo que confunde a muchas de las personas que acaban de morir, porque no se dan cuenta de que han muerto.

- Nadie muere solo. Cuando salimos de nuestros cuerpos, nuestros seres queridos que han fallecido están siempre allí para recibirnos. Es posible que no hayamos visto a estas personas durante muchos años, pero los vínculos de amor que experimentamos en la tierra continúan al otro lado.

- Muchas personas experimentan la sensación de estar rodeadas de una luz brillante y de ser impulsadas por un túnel. La gente describe la luz como Dios o como un ser omnisciente. Algunos sienten que la luz es pura paz, alegría y amor. En lugar de luz, algunos fantasmas describen estar rodeados por un despliegue glorioso de colores celestiales que no se asemeja a nada que hayan visto jamás.

- Hay una sensación inmediata de no estar limitado al cuerpo físico. La vida que se vivió alguna vez sencillamente se desprende. En su lugar, hay una nueva consciencia de vida. Finalmente, cuando estamos en el umbral de la muerte, parece haber una alteración inmediata del tiempo y del espacio. Los fantasmas se encuentran en una dimensión etérea, atemporal, transparente. Es posible que el tiempo terrenal pase pero, para un fantasma, todo ocurre ahora.

SIN DOLOR

¿Por qué escapamos del dolor al final? ¿Pueden nuestros espíritus ser conscientes de nuestro fallecimiento inminente y, por lo tanto, cerrar nuestros receptores de dolor justo antes de morir? Pareciera que el Universo, en efecto, nos hubiera provisto de una especie de válvula en el cerebro que se cierra justo antes de que abandonemos el cuerpo. La persona entra en un período de desvanecimiento donde pierde conciencia y memoria. Cuando le pregunto a los espíritus sobre la violencia de un accidente, o sobre una bala que penetra su piel, o sobre la muerte ocasionada por un infarto, a menudo responden que no recuerdan el impacto o el siniestro. Por el contrario, los primeros recuerdos que tienen son de sus seres queridos. De una forma u otra cada uno de ellos ha dicho, "Desearía que mi [esposa, marido, madre, padre, hija, hermana, hermano, hijo] supiera que aún estoy vivo".

Esto sucedió con un joven fantasma masculino que apareció en uno de mis talleres en Nueva York.

"Este es un joven de cerca de diecisiete o dieciocho años que dice llamarse Sam y que me cuenta que murió estrujado en un accidente de auto".

Una mujer llamada Debbie saltó de su asiento. "Oh, Dios mío, es Sam. Es mi Sam", exclamó.

"Quiere que le diga que no llore por él. Está diciendo que está vivo y perfectamente bien".

Debbie se secaba las lágrimas mientras asentía con la cabeza.

"Quiere que sepa que su cuerpo salió volando por la ventana delantera".

Ella asintió de nuevo y yo proseguí.

"Me dice que le diga a usted y a toda la audiencia que no recuerda salir por la ventana y no sintió ningún dolor. Vio su cuerpo después, al lado de un árbol, y fue entonces que supo lo que había sucedido".

"Está bien, entiendo", dijo Debbie.

"Dice que está con Alfred. Que Alfred lo ayudó".

Debbie continuaba llorando. "Alfred es mi padre. Yo sabía que estaría allí para Sam".

"Me dice que se desmayó antes del impacto y luego vio a su abuelo. Pensó que estaba soñando, pero su abuelo le dijo que había sufrido un accidente. Hizo que Sam mirara su cuerpo".

Luego me sucedió algo extraño. "Sam me está mostrando su cuerpo. Estoy viendo su pierna izquierda en una posición extraña. ¿Sabe usted si su pierna izquierda se fracturó o fue arrancada de su cuerpo?"

"Sí", replicó. "Estaba fracturada en varios lugares, al igual que diferentes costillas".

"Su hijo quiere que le diga que cuando miró su cuerpo sintió que ya no era suyo. No se sentía conectado con él. Sentía que lo había abandonado y que ya no lo necesitaba. Sabe también de las piedras que usted ha puesto en el lugar del accidente para conmemorar su vida. Le fascinó este gesto y quiere que usted lo sepa".

Debbie parecía sorprendida. "Sólo hice eso esta semana, ¿Puedo preguntarle algo? ¿Sam me puede oír?"

"Sí, puede escuchar todos sus pensamientos todo el tiempo. Sabe cuando está pensando en él".

La lectura continuó con más detalles de la muerte de Sam. Luego habló el padre de Debbie, Alfred.

"Alfred dice que no te preocupes, que papá se ocupa de todo".

Debbie se veía extremadamente agradecida y complacida.

EXPERIENCIA CERCANA A LA MUERTE

Quienes han tocado la muerte y han regresado parecen compartir una multitud de similitudes. Aun cuando estas personas provienen de todos los rincones de la vida, tienen creencias religiosas diferentes y varían en edad desde niños hasta ancianos, todos narran una variación del mismo relato.

- Una sensación de flotar sobre el propio cuerpo y ver la zona que los rodea

- Sensaciones placenteras de calma y de una paz abrumadora

- Moverse por un túnel o un pasaje estrecho de luz

- Ser recibido por seres queridos que han muerto

- Encuentros con un ángel, un ser de luz o una figura religiosa

- Experimentar la revisión de la vida

- Llegar a un límite o frontera que no se puede cruzar

- Finalmente, la sensación de regresar rápidamente al propio cuerpo, a menudo con gran reticencia

Aun cuando la situación de cada persona es diferente, todas coinciden en afirmar que su vida se vio profundamente cambiada por esta experiencia. La mayor parte de ellas llegan a comprender el propósito de su vida y muchas comparten su comprensión de las lecciones que han debido aprender. De hecho sostienen obstinadamente que, de no haber sido por esta experiencia cercana a la muerte, tendrían una vida muy diferente.

Una señora en uno de mis talleres me dijo que siempre temía probar algo nuevo. Cuando sufrió un ataque al corazón a los sesenta años y pasó a través del túnel hacia la luz, fue recibida por su sobrino, quien se había suicidado debido a su esquizofrenia.

"¡Se veía tan sereno y feliz! Hacía largo tiempo que no lo veía en paz".

Su sobrino le dijo que debía tratar de vivir su vida más espontáneamente y luego desapareció.

"Aquella experiencia me cambió. Si mi sobrino, que había sufrido tanto en la vida, había venido a decirme que debía vivir más plenamente, decidí que haría exactamente eso. Era mi manera de mostrarle que él era mi inspiración. Desde entonces he viajado más, he invitado a mis amigos a quedarse en mi casa cuando visitan la ciudad, ambas cosas que antes temía hacer. Disfruto más mi vida porque he visto la muerte y he decidido vivir".

MI PROPIA EXPERIENCIA
CERCANA A LA MUERTE

Puesto que la gente ha compartido conmigo a menudo sus experiencias cercanas a la muerte, yo sentía especial curiosidad sobre ellas. Me preguntaba si las referencias que hacían a puntos acerca de la vida después de la muerte eran las mismas que yo había recibido del mundo de los espíritus. El 10 de diciembre de 2006 obtuve la respuesta que buscaba.

La época de las fiestas estaba en su apogeo. Mientras la gente circulaba en los estacionamientos y llenaba los centros comerciales en busca del objeto perfecto para la persona perfecta, yo me encontraba en la terraza con una taza de café en la mano contemplando la vista panorámica del brillante Océano Pacífico ante mis ojos. Me sentía bendecido de estar con vida. Desafortunadamente, el fuerte repiqueteo del teléfono interrumpió mi ensoñación. Era mi agente, Andrew Lear. Había acordado una cita para mí en Los Ángeles con el director de una estación de radio para que yo pudiera hacer mi propio programa radial. Con reticencia de dejar mi entorno pacífico, me despedí de las nubes cargadas y me apresuré a tomar un baño. Apenas tenía tiempo suficiente para llegar a Los Ángeles para la hora de almuerzo... si tenía suerte.

Mientras avanzaba lentamente por la autopista esa bella mañana, imaginaba qué maravilloso sería cuando pudiéramos pensar en un lugar y encontrarnos allí de inmediato, sin tener que lidiar con este tipo de tráfico. Para cuando llegué finalmente a mi destino había pasado la hora del almuerzo y me moría de hambre. Estacioné en el primer sitio que encontré y me dirigí a la tienda de emparedados más cercana. Mi reunión debía comenzar en cinco minutos, así que permanecí al lado de mi auto y devoré mi emparedado de pavo, lechuga y tomate tan rápido como pude.

Por fortuna, mi reunión marchó bien, aun cuando mi estómago sufrió los efectos posteriores de mi almuerzo. Acepté

con placer crear un programa piloto que salga al aire ante
una audiencia en vivo, para hablar con los muertos. Después
de terminada la reunión, me dirigí al estacionamiento, con
pocos deseos de emprender el largo y fatigoso viaje de regreso a Orange County. Por suerte, mi amiga Victoria Re-
cano me llamó y me invitó a cenar. "Me alegro tanto que
hayas llamado", le dije a Victoria. "La idea de pasar otras dos
horas y media en el auto..."

Nos reunimos para cenar en Beverly Hills, en el nuevo
restaurante de moda de Wolfgang Puck. Victoria y yo nos
habíamos hecho amigos cuando yo filmaba mi segmento
de cinco minutos para el programa "The Insider" de *Entertainment Tonight*. Ambos queríamos comer carne así que or-
denamos lo mismo, acompañada de un vino tinto delicioso.
Después de la cena, me dirigí a mi apartamento temporal
al otro lado de los estudios de CBS. Era mi casa lejos
de casa cuando estaba en el set de producción de *The Ghost
Whisperer*.

A media noche me desperté inesperadamente con un intenso dolor de estómago y sólo tuve tiempo de llegar al baño.
La cena que había disfrutado tanto unas pocas horas antes
me miraba desde el fondo del lavamanos. *Debió ser una reacción
al vino,* pensé, mientras regresaba a la cama e intentaba conciliar el sueño de nuevo. Mas no fue así. Durante las horas
siguientes, entré y salí del baño hasta que ya no tenía fuerzas
para moverme. A las seis de la mañana había decidido que
me sentiría mejor si estaba en mi propia cama. Con todas las
fuerzas que pude reunir, me vestí y tomé la autopista de
nuevo. Pensaba que mi pesadilla pronto llegaría a su fin,
cuando me encontrara en la seguridad de mi hogar. Sin embargo, a medio camino, el tráfico de la autopista se detuvo.

Lo único que podía ver era un mar interminable de luces traseras rojas. Varias horas y una docena de baños más tarde, salí de la autopista y finalmente llegué a mi destino. Llamé por teléfono de inmediato a mi médica en Los Ángeles, quien es también una de mis amigas, y le conté mi problema.

Con su tono práctico me dijo, "Cariño, tienes gastroenteritis. Ven a mi consultorio y te daré algo".

"¡No! ¡No puedo!" prácticamente grité. "Ya estoy de regreso en Laguna. Ni siquiera puedo levantar la cabeza". (Estoy seguro que aquellos de ustedes que han tenido la desafortunada experiencia de sufrir este tipo de intoxicación podrán simpatizar con mi estallido.)

"Permanece en la cama, bebe muchos líquidos y consigue Gatorade. Llamaré para que te den un medicamento contra las náuseas".

"¿Crees que deba ir a urgencias?"

"No creo que sea necesario. Probablemente te darán el mismo medicamento. Sólo bebe muchos líquidos y toma el medicamento, no te preocupes, pronto estarás bien. Te llamaré en la mañana para ver cómo sigues".

Colgué y súbitamente pensé en mi compañera de cena, Victoria. La llamé para ver si se encontraba bien.

"Me siento perfecta", dijo, con un tono de simpatía en la voz. "¿Comiste algo más ayer?"

Súbitamente, recordé el emparedado. "¡Sí!" exclamé. "Debió ser el emparedado".

"Pudo haber sido una lechuga sin lavar", sugirió Victoria. "Espero que te sientas mejor".

Varias horas más tarde, mi buen amigo Brian vino a cuidar de mí. El medicamento para las náuseas no parecía estar funcionando, así que decidí llamar de nuevo a mi médica.

"Es un caso fuerte de gastroenteritis. Sigue tomando líquidos".

A las once de la noche, estaba más débil que nunca por haber vomitado toda la noche. Debía llegar al hospital como fuese. Conseguí incorporarme del sofá y caminar hasta el baño. Lo último que recuerdo fue el lavamanos.

De repente estaba flotando fuera de mi cuerpo. Me sentía conectado con mi cuerpo, pero no necesariamente dentro de él. Inicialmente solo podía ver mi cabeza, luego vi mi cuerpo sobre el piso del baño. Un torrente de pensamientos y emociones me invadió y sentí que moría. El recuerdo más vívido que tengo es que me sentía muchísimo mejor. No sentía más dolor ni náuseas. Antes de darme cuenta, una luz dorada y luminosa comenzó a llenar el espacio que me rodeaba. Escuché que alguien me decía *Morir es fácil. Vivir es difícil.*

Al instante, reconocí a mi prima Pat, que había fallecido. Pat era mi prima predilecta y la más cercana a mí cuando estábamos creciendo; solíamos pasar horas hablando de la vida después de la muerte y la posible reencarnación. De cierta manera, fue la primera persona con quien hablé acerca de asuntos espirituales, y ambos compartíamos la desconfianza frente al Catolicismo. Pat murió cuando yo tenía diecinueve años; estaba inconsolable. Nunca había visto su fantasma hasta entonces. Me miró fijamente con sus ojos sonrientes. Lucía tan joven y bonita con su blusa verde de satín.

Pat susurró, *No te preocupes, pronto habrá pasado todo.*

Le pregunté mentalmente, *¿Quieres decir terminado? ¿O sólo habrá pasado?*

En aquel momento, Pat desapareció y fui consciente de la presencia de mi padre. Se encontraba a cierta distancia y llevaba un saco marrón. Él también parecía ser una versión más joven de sí mismo. Súbitamente, escuché un zumbido y la voz de Brian.

"James, despierta. ¿Te encuentras bien?"

Abrí los ojos y miré a mi alrededor. Me sentía tranquilo, pero no encontraba las palabras adecuadas. Luego dije, "Morir es fácil. Vivir es difícil".

"Está bien, voy a llamar a urgencias", dijo Brian, sin perder un instante. Para cuando llegué a la sala de urgencias, había perdido la conciencia varias veces. Se me dijo que había perdido cinco pintas de líquidos y sangre, y necesitaba una transfusión. Todo aquel vómito había causado un desgarre en el esófago; tenía una hemorragia interna, tenía una gastroenteritis causada por una bacteria E-coli de la comida que había consumido.

Sin más decir, me alegraba estar vivo porque sabía que aún me quedaba mucho trabajo por hacer. Tener mi propia experiencia cercana a la muerte cimentó mi fe en mi comunicación espiritual. Pasar por la experiencia de morir me mostró que no quedaba nada a lo que debiera temer.

COMA

A menudo me preguntan, "¿Pueden escucharnos las personas que están en coma?" Incluso cuando una persona parece no estar respondiendo físicamente o se encuentra en un estado vegetativo, es posible que no este completamente inconsciente de lo que ocurre. Es posible también que no esté consciente todo el tiempo porque creo también que hay diversos grados del estado mental de "coma". No obstante, se está siempre consciente de lo que sucede.

Existen muchos niveles de conciencia: (1) conciencia despierta; (2) conciencia automática, que mantiene nuestro flujo sanguíneo, la división celular, etc.; y (3) conciencia superior, que se da durante la relajación profunda, la meditación, la oración, el sueño y la ensoñación. Creo que mi comunicación con los fantasmas forma parte de esta conciencia superior. Para ponerlo en términos sencillos, la conciencia es estar consciente de todas nuestras experiencias internas y externas. Para mí, es el "todo". La conciencia no está confinada al cuerpo; es una parte de la mente, y la mente es parte del alma. En el momento de la muerte, el alma, que es eterna y contiene experiencias de eones de vidas, prosigue.

Mi padre se vio obligado a permanecer en cama en un hospital durante las dos últimas semanas de su vida. Se encontraba en coma: estaba conectado a máquinas, respiradores y tubos intravenosos. Era una situación que él jamás habría deseado. Durante su última noche, sus médicos llamaron y le dijeron a mi familia que a mi padre le quedaba poco tiempo de vida. Cuando llegamos al hospital, entramos, uno a uno, a su habitación para despedirnos. Yo fui el último. Durante aquel último período de dos semanas, había sido consciente de que sus padres y mi madre, que habían todos fallecido, estaban en su habitación. Aquella noche en particular, mi madre parecía estar bastante impaciente; decía, *Apresúrate y despídete. ¡Queremos que esté ya con nosotros!*

Mis hermanos lo rodeaban, acompañándolo en sus últimos momentos de vida. Yo me acerqué a la cama, me incliné y le susurré al oído, "Es hora de ir a casa. Avanza hacia la luz brillante que ves".

Escuché que me respondía cerca de treinta centímetros por sobre mi cabeza, como si estuviera mirando todo. Sabía que estaría completamente consciente de lo que sucedía, porque ya sabía que había llegado el momento de partir. Me habló telepáticamente en un tono muy claro y firme, y me pidió que le concediera su último deseo. *No quiero que ustedes se peleen cuando haya partido.*

Le prometí, *No lo haremos, papá,* y lo besé en la cabeza. *Disfruta tu viaje a casa.*

Cuando salimos de la habitación les repetí las palabras de papá a mis hermanos. Todos rieron. Mi cuñado, Jay, agregó en broma, "Supongo, entonces, que será mejor que cambiemos nuestros números telefónicos".

Cinco minutos después de nuestra despedida, papá murió. El médico pareció sorprendido; pensaba que viviría aún otro día. Me volví hacia él y le dije, "Quería partir. Toda su familia lo aguardaba".

El médico sonrió, dio media vuelta y se alejó.

LOS FANTASMAS ASISTEN A SUS FUNERALES

Después de que los muertos abandonan su cuerpo físico y se dan cuenta de que ya no están unidos a su cuerpo, avanzan hacia la membrana que hay entre la tierra y la siguiente dimensión más cercana a ella. En este momento, deciden si desean permanecer cerca de la tierra como fantasmas atados a la tierra o si desean cruzar hacia la luz. Durante esta ventana de oportunidad, los fantasmas habitualmente asisten a

sus funerales para ver cómo los han sepultado, quién acude
al funeral, los diversos preparativos y más. He escuchado
muchos comentarios extraños de fantasmas mientras asisten
a sus funerales. *¿Por qué me pusieron este traje? ¿Quién eligió esas
flores para el ataúd? Yo quiero estar en una urna de bronce, no en una caja
de madera.* A menudo he escuchado decir a los fantasmas que
no les agradan los ataúdes abiertos. Algunos fantasmas mas-
culinos me han comunicado que no les agrada que los "ma-
quillen" para su funeral. Muchos fantasmas han causado
grandes perturbaciones en su funeral para ayudar a sus seres
queridos a que lo "hagan bien." También hay algunos que no
prestan ninguna atención a los detalles de su funeral y se
sorprenden de toda la atención que se les presta.

Cuando murió mi padre, mis hermanos y yo rastreamos
el ático en busca de viejas fotografías para poner en la sala de
la funeraria para el velorio. Debió estar muy impresionado
porque, mientras me aproximaba a un viejo amigo del cole-
gio después de las exequias, sentí un viento frío a mis espal-
das. Era papá. Me susurró al oído. *¿Dónde encontraste todas esas
fotos mías? No recuerdo siquiera cuando las tomaron.* Luego agregó,
Gracias por ponerme la dentadura. Luzco bastante bien.

También es común que los fantasmas asistan a su autop-
sia. Puesto que ya no están unidos a su cuerpo físico, quieren
ver cómo murieron o qué causó su muerte. Si murieron por
una determinada enfermedad, es posible que quieran ver
cómo los mató. Para nosotros estas ideas pueden parecer
morbosas, pero eso se debe a que todavía estamos mentalmente unidos a nuestros cuerpos. Creo que la serie de televisión de HBO, *Six Feet Under* capta perfectamente la vida de
quienes acaban de morir. Ven sus cuerpos como viejas pren-
das que ya no necesitan. No puedo decirles cuántas veces he

escuchado a un espíritu decirle a un ser querido, *¿Por qué vas a la tumba y contemplas el polvo? Yo no estoy ahí.*

Durante años mi prima Ruth, mi hermana Lynn, la tía Cassie y yo hablamos sobre la vida después de la muerte. Parecía que el trabajo que yo hacía les fascinaba. Solíamos compartir recuerdos de nuestros parientes muertos. Yo vengo de una enorme familia irlandesa por el lado de mi madre y pasé mucho tiempo en mi infancia asistiendo a funerales. Ver los cadáveres en sus ataúdes era bastante común para mí. Recuerdo cuánto se obsesionaba la tía Cassie con los parientes que habían fallecido, recordando siempre el aniversario de su muerte, preservando los obituarios y los sermones pronunciados durante los funerales en un álbum. A menudo bromeábamos por el teléfono. Solía decirme, "¡Me aseguraré de asustarte al morir!"

La tía Cassie murió cuando se acercaba a los noventa años. Literalmente, se sentó en la silla de su salón y falleció. Dado que era la última de su generación en partir, todos sus sobrinos acudieron al funeral. Fue un velorio como ningún otro. Mientras me sentaba con la espalda contra la pared, hablando con mi hermana Lynn y mi prima Ruth, bromeé, "Sabes, Cassie tendrá que aparecer". Súbitamente, todos sentimos un escalofrío helado que recorría nuestras venas. Nos miramos entre sí, asombrados. Levanté la vista hacia arriba y vi a la tía Cassie allí con mis padres y con el resto de mis tías y tíos. Cassie nos señalaba y reía. Llevaba un traje blanco con un estampado verde. Lucía asombrosamente joven y muy diferente del rígido cadáver que se encontraba en el ataúd. Escuché que me decía, *¿Qué? ¿Creías que me iba a perder mi propio funeral?*

Compartí mi visión con Lynn y con Ruth. Mi prima me

miró y observó, "¡Eres tan extraño!" Los tres reímos. Estábamos felices de que Cassie hubiera regresado finalmente a
casa con la familia a la que echaba tanto de menos y con la
que deseaba estar desde hacía tanto tiempo.

Después del funeral, ¿qué sigue para los fantasmas? Depende de una serie de factores. ¿Fue la muerte el resultado
de una prolongada enfermedad? ¿Tenía la persona fuertes
creencias religiosas? ¿Temía morir? ¿Sufrió un accidente o
fue asesinada? ¿Era un niño? Dado que nuestra conciencia
no muere con la muerte, llevamos con nosotros un conjunto
mental de pensamientos y creencias al otro lado. Así como
es en la vida, así es en la muerte. Cuando cruzamos hacia
otras dimensiones, continuamos creando experiencias a través de nuestros pensamientos, al igual que como lo hicimos
en vida.

ENTRAR A LA LUZ

Las personas que acaban de morir por lo general se sienten
atraídas hacia una luz blanca brillante. ¿Qué es exactamente
esta luz blanca y por qué la sienten la mayoría de las personas
en el momento de morir? Desde el punto de vista científico,
cuando todos los colores se unen, se convierten en blanco.
Creo que esta luz blanca se encuentra en un extremo del espectro dimensional y mezcla todos los colores de la luz del
espectro. Creo que este "fin de los colores" es el umbral a
otra dimensión. Es interesante que la canción "Somewhere
Over the Rainbow" justamente parece referirse a este umbral. El otro lado del arco iris es el final del espectro de colores como lo conocemos. Quizás esta sea la razón por la cual
esta canción toca un punto sensible en tanta gente y conti-

núa siendo tan popular más de medio siglo después de haber sido escrita.

Cuando era niño, tuve una visión de esta luz blanca y pensé que era la mano de Dios. Era un sentimiento de júbilo y de puro amor incondicional. Parece que es lo mismo para quienes han tenido experiencias cercanas a la muerte. Se sienten atraídos a esta luz luminosa, y siente una paz total cuando avanzan hacia ella. Como yo, algunos han caracterizado la luz como Dios, mientras que otros, sin ser adeptos de ninguna filosofía en particular, la han llamado "omnisciente" u "hogar."

Basta decir que la luz blanca es en efecto una puerta o entrada y que, una vez que se la atraviesa, hemos entrado a las dimensiones espirituales y hemos llegado a casa. En toda mi carrera, los espíritus no me han dicho, ni una sola vez, que desearían poder regresar a la tierra y vivir de nuevo. Los espíritus con quienes me comunico por lo general se sienten felices de estar en la luz y no quieren cambiarla por nada. Lo que más lamentan es no haber comprendido la verdad de la vida cuando estaban vivos en la tierra. A menudo comentan que, de haberla sabido, sus vidas habrían sido muy diferentes.

TRUENO AZUL

Me fascina escuchar a diversos fantasmas hablar acerca de cómo experimentan el otro lado. En primer lugar, parecen tener una sensación abrumadora de libertad. Cuando se dan cuenta de que han pasado al otro lado, de inmediato se dirigen a los miembros de su familia que los lloran e intentan decirles que no deben estar tristes porque ellos están aún muy vivos. Por otra parte, parecen entrar en un mundo que se ajusta perfectamente a su nivel de comprensión espiritual.

Un par de años atrás, una amiga muy querida me llamó para preguntarme si podía ver a Candy, una joven que ella creía estaba a punto de desmoronarse. "Eres su último recurso, James". Acepté reunirme con ella.

Cuando Candy llegó a su cita, la hice pasar al salón. Candy tenía los cabellos rubios y largos que enmarcaban sus bellos pómulos y ojos verdes. Parecía ansiosa, así que le ofrecí un vaso de agua. "Respira profundo y relájate", le sugerí mientras salía de la habitación.

Regresé con el agua y le aseguré a Candy, "Aquí estás a salvo". Cuando se sentó recobrando el aliento, le expliqué cómo funcionaba el proceso de comunicación con los espíritus y comencé una breve meditación para relajarla y liberar su nerviosismo. En medio de la meditación, vi a dos hombres detrás de ella, uno joven y el otro mayor.

"Hay un señor mayor detrás de ti. Siento que es una figura paterna. Dice que es escocés y tiene un ligero acento escocés. Tiene un perro pastor llamado Sharkey".

Candy parecía estar en estado de *shock* y me miraba enojada, intentando desesperadamente comprender cómo podía yo saber estas cosas.

Luego se deshizo en llanto. "Sí. Es mi padre Alex. Era escocés y muy orgulloso de su ancestro. Sharkey era el perro de la familia, al que quería incluso más que a nosotros, sus hijos".

"Dice que le envía amor a tu madre".

Candy dijo, con los ojos llenos de lágrimas, "Mamá lo echa mucho de menos".

Aun cuando era una conexión asombrosa, sentí que algo más importante vendría después.

"Siento a un joven que está con tu padre y habla continuamente de 'Trueno azul'. Tu padre quiere que sepas que él lo ayudó a este joven a cruzar al otro lado".

Candy estaba atónita y lloraba con más fuerza.

"Dice que se llama David", dije. "Está todo vestido de blanco y me muestra una ceremonia de boda. Parece estar en un lugar tropical, como Hawai".

Y de repente comprendí lo que estaba sucediendo. Miré a Candy y dije, "Es tu prometido, ¿verdad?"

"Sí".

"Siento que David lamenta insistir tanto en Trueno Azul. ¿Entiendes lo que quiere decir?"

Candy asintió.

Luego, con mi clarividencia, vi un auto con el número "64" que giraba en llamas.

Candy se mostró asombrada ante mi revelación. "David era un corredor profesional de autos. Íbamos a viajar a Hawai a casarnos y luego daríamos la vuelta al mundo para nuestra luna de miel. A David le agradaba conocer gente nueva y experimentar diferentes culturas. Insistió en terminar una última carrera antes de viajar a Hawai. Estaba bien hasta el último tramo, cuando perdió el control y su auto —Trueno azul, número sesenta y cuatro— explotó en llamas y él murió".

Yo estaba atónito. Ambos permanecimos en silencio, absorbiendo lo sucedido.

Luego reanudé mi comunicación con David. "Dice que julio es un mes especial".

"Íbamos a casarnos en julio".

"¿Todavía piensas ir? Él me dice que ustedes habían viajado a Hawai para elegir un lugar especial".

"Sí, estoy pensando regresar a Hawai para esparcir allí sus
cenizas".

De pronto me paralicé cuando David tomó el control de
mis pensamientos y de mi visión. "Me muestra que él no fue
consciente del accidente. Recuerda que levantó la vista hacia
la multitud y vio tu cara. Al lado tuyo vio a tu padre que
había fallecido; luego supo que había salido del auto, aun
cuando no recuerda haberlo dejado. Tu padre le dijo que
había tenido un terrible accidente. Dice que no podía creerlo.
Pensaba que todo era una pesadilla. Entonces fue al lugar
del desastre para verlo con sus propios ojos. Luego se dirigió
a tu lado y trató de decirte que no estaba muerto, que estaba
justo a tu lado, pero no podías escucharlo. Después de un
rato, tu padre lo tomó por los hombros. En aquel momento
supo que todo estaría bien. Tomó conciencia de una bella
pradera verde, rodeada de montañas. Vio a sus abuelos Lib y
Burt, a quienes no veía desde su infancia, que venían a salu-
darlo junto con otras personas. Dice que no había pensado
en estas personas en años. Uno de sus amigos, Tom, también acudió a verlo. Tom había muerto en una especie de
insurrección militar. Ahora me lleva a un lago increíble, rodeado de árboles tropicales, plantas de jengibre y gardenias".

Candy vio toda la imagen.

"Dice que el cielo es mucho más de lo que alguna vez ima-
ginó. Todo parece tan natural. Está sorprendido porque
nunca pensó realmente en la vida después de la muerte, pero
está feliz de saber que existe".

Candy me dijo, "El lugar que estás describiendo suena exactamente como el lugar donde pensábamos casarnos".

"Él estará allí esperándote".

David seguía hablando. "Dice que tuvo que partir en ese momento para que una serie de acontecimientos pudieran ocurrir en el futuro. Me dice también que es consciente de que hay otros lugares para visitar en el mundo de los espíritus. El cielo no es como lo imaginamos. Parece que hay diferentes esferas donde reside la gente que piensa de manera similar. Está muy entusiasmado de explorar el cielo. Dice que todo es para bien. Piensa que quizás esto sea difícil de comprender para ti. Quiere que sepas que está diciendo la verdad. Algún día sostendrás de nuevo su mano y estarán juntos por siempre".

IDEAS DEL MUNDO DE LOS ESPÍRITUS

He recolectado una cantidad de información a lo largo del tiempo de mi comunicación con espíritus que han cruzado hacia la luz. Aquí hay otras ideas adicionales sobre la vida después de la muerte.

- Nadie muere solo. Siempre hay amigos, familiares y otras personas que nos reciben. Con frecuencia también hay espíritus de muchas vidas anteriores. Nuestra alma reconoce a todas las personas que haya conocido.

- En el mundo espiritual no existe el tiempo como lo conocemos. El pasado y el futuro no existen. Todo el "tiempo" es hoy.

- Cuando llegamos al otro lado, hay una revisión de la vida. Presenciamos y activamente experimentamos momentos importantes de nuestra vida reciente. Nos volvemos conscientes de las lecciones del alma que tuvimos que aprender. Sólo nosotros somos los jueces de nosotros mismos. Sólo nosotros sabremos si hemos aprendido o no las lecciones Nadie más nos juzga. Si hemos herido a alguien en la tierra, experimentamos exactamente el mismo dolor. Sólo nosotros podemos perdonarnos a nosotros mismos el dolor que hemos causado a otra alma y el dolor que nos hemos causado a nosotros mismos.

- Vemos con claridad la importancia de nuestra vida y su efecto sobre otros.

- Nos hacemos conscientes de nosotros mismos al nivel del alma y comprendemos la vastedad de un universo multidimensional.

- Se expande nuestra conciencia. Comprendemos cómo nuestras vidas anteriores influyeron en nuestro juicio sobre la vida que acabamos de vivir.

- Nos damos cuenta de que el mundo espiritual está compuesto de miles de niveles, y que los espíritus gravitan hacia determinados niveles dependiendo de la evolución de su alma.

- Sabemos que La Ley Universal rige todo y que lo semejante atrae siempre a lo semejante.

- Aprendemos que hay niveles inferiores, más oscuros, para las almas poco evolucionadas y para quienes no han aprendido todavía a apreciar su vida y la de los demás.

- Advertimos que la vida nunca termina. La vida continúa por siempre en diferentes formas y en diferentes dimensiones.

Déjenme decirles únicamente que abandonar el cuerpo en el momento de la muerte es tan natural como nacer. Es como mudarse, sin molestarse en empacar. Nos mudamos a un nuevo vecindario y puede tomarnos cierto tiempo habituarnos a él, pero seremos los mismos cuando lleguemos allí. Teniendo esto en cuenta, es posible que sintamos curiosidad sobre qué significa convertirnos en un fantasma, cómo luciremos, qué sentiremos y donde terminaremos cuando abandonemos nuestro cuerpo.

NEW YORK'S MEGA MILLIONS

67647 365-057782088-121929
TUE NOV25 08 18:28:03

A. 01 06 16 25 27 QP 15 QP
B. 19 34 36 52 56 QP 44 QP

CASH VALUE

TUE NOV25 08
$ 2.00
67647 365-057782088-121929
014487

TURKEY RAFFLE NOW ON SALE
MEGA MILLIONS JACKPOT
NOW $96 MILLION.
RESULTS WWW.NYLOTTERY.ORG

STREET

CITY   STATE   ZIP CODE

Under penalty of perjury, I declare that I am the owner of this ticket and the name, address and taxpayer identification number correctly identifies me as the recipient of this payment.

CLAIMANT'S SIGNATURE   SOCIAL SECURITY NUMBER

WM 950245964   Results: www.nylottery.org

24 Hour Problem Gambling Helpline
1-800-437-1611

PRINTED IN NEW YORK STATE   Gordon Medenica, DIRECTOR

IMPORTANT INFORMATION

This ticket is a bearer instrument. Any prize up to and including $600 can be cashed at a Lottery retailer within 45 days of draw date. Tickets winning a Bonus Free Play can only be validated at a Lottery retailer, and within 45 days. Cash prizes over 45 days old or over $600 may be claimed at a Lottery Claim Center. You may also claim prizes by signing and mailing to: **NEW YORK LOTTERY, P.O. BOX 7533, SCHENECTADY, NEW YORK 12301-7533.** All prizes must be claimed within one year of draw date.

ALL TRANSACTIONS SUBJECT TO NEW YORK LOTTERY REGULATIONS. Copy of regulations are available from any New York Lottery Office.

NAME (PLEASE PRINT LEGIBLY)

STREET

CITY   STATE   ZIP CODE

Under penalty of perjury, I declare that I am the owner of this ticket and the name, address and taxpayer identification number correctly identifies me as the recipient of this payment.

CLAIMANT'S SIGNATURE   SOCIAL SECURITY NUMBER

WM 950245965   Results: www.nylottery.org

24 Hour Problem Gambling Helpline
1-800-437-1611

PRINTED IN NEW YORK STATE   Gordon Medenica, DIRECTOR

IMPORTANT INFORMATION

This ticket is a bearer instrument. Any prize up to and including $600 can be cashed at a Lottery retailer within 45 days of draw date. Tickets winning a Bonus Free Play can only be validated at a Lottery retailer, and within 45 days. Cash prizes over 45 days old or over $600 may be claimed at a Lottery Claim Center. You may also claim prizes by signing and mailing to: **NEW YORK LOTTERY, P.O. BOX 7533, SCHENECTADY, NEW YORK 12301-7533.** All prizes must be claimed within one year of draw date.

ALL TRANSACTIONS SUBJECT TO NEW YORK LOTTERY REGULATIONS. Copy of regulations are available from any New York Lottery Office.

Fantasmas: Curso básico

En cierto sentido, todos somos fantasmas —es decir, espíritus que residen en cuerpos físicos. Cuando nuestro trabajo espiritual ha terminado en esta tierra, nuestros cuerpos físicos se cierran y nuestro cuerpo espiritual emerge. La energía sólida y densa de nuestro cuerpo físico comienza a deteriorarse. El cuerpo liviano y transparente de energía, que es una réplica exacta del cuerpo físico, se manifiesta y se traslada a los mundos espirituales. No hay errores, no hay muertes antes de tiempo. Tampoco hay muertes que hubieran podido evitarse. ¿Por qué? Porque la muerte no existe, punto. Únicamente existe la transición de una existencia física a una existencia no física. Una vez que nos encontramos del otro lado, se nos designa oficialmente como "fantasmas". Los fantasmas están "en la luz" o "atados a la tierra". La mayor parte de los fantasmas con los que me comunico están en la luz. La mayoría de los relatos de terror sobre fantasmas se refieren a fantasmas atados a la tierra.

Cuando la mayor parte de nosotros piensa en fantasmas, tendemos a incluirlos dentro de la misma categoría de los hombres lobos, los vampiros y los zombis. Los fantasmas no son demonios que rondan los cementerios a media noche para aterrar a la gente. Esta percepción no podría estar más lejos de la verdad. Admitimos, desde luego, que los fantasmas desean comunicarse con nosotros pero, principalmente, desean ayudarnos, no atemorizarnos. Habiendo dicho esto, los fantasmas atados a la tierra sí pueden asustarnos. Puesto que aún no han entrado a la luz están atrapados entre la dimensión de la tierra y el mundo espiritual. Los fantasmas atados a la tierra habitualmente tienen miedo, están enojados o se sienten solos y se comunican a través de este tipo de emociones.

Antes de proseguir, permítanme explicar exactamente qué es un fantasma. Según el *Donning International Psychic Dictionary*, la definición de un fantasma es:

> un campo de energía que hace sentir su presencia periódicamente en el mismo lugar, dando la apariencia de una persona viva; ocasiona una baja de temperatura con su presencia; es percibido mediante clariaudiencia o audiencia por sus actividades y movimientos; es percibido clarividentemente como una masa esponjosa, transparente, semejante a la humana, que se desplaza muy lentamente...

Aun cuando esta descripción es algo dramática, no está lejos de la verdad. Mi definición de un fantasma sería la siguiente. Los fantasmas son formas de energía, así como los humanos somos formas de energía. Aparecen de manera muy similar a sus cuerpos físicos. Cuando veo un fantasma, rara vez veo fragmentos de una persona, como una cabeza o un brazo, que floten en el espacio. Tampoco veo una masa de nubes blancas que giran, ni una sábana blanca con dos huecos en el lugar donde estarían los ojos. Siempre veo formas humanas completas y vestidas, con cabello y rasgos faciales. La mayor parte del tiempo, los fantasmas parecen jóvenes, sanos y en el mejor momento de su vida.

Sin embargo, en algunos casos, los fantasmas pueden aparecer exactamente como quedaron en el momento de su muerte. Cuando los fantasmas se materializan de esta manera, es posible que la muerte haya sido súbita o inesperada, y es posible que no se hayan dado cuenta de que han abandonado el mundo físico.

Las temperaturas sí cambian cuando hay fantasmas en los alrededores. Principalmente, el aire se siente más frío. Habitualmente, siento una brisa fresca en la nuca. Los fantasmas definitivamente son percibidos mediante clarividencia y clariaudiencia, pero nunca he escuchado a un fantasma gritar *¡Bu!*

Adicionalmente, las leyes físicas del universo no limitan a los fantasmas. Por lo tanto, el tiempo y la gravedad no los afectan. Al no tener la energía densa de los cuerpos que los encapsulan, los cuerpos de los fantasmas vibran a un ritmo que no podemos medir.

Los fantasmas pueden desplazarse de un lugar a otro instantáneamente, porque viven en una atmósfera creada únicamente por sus pensamientos y actitudes. De está manera, se encuentran en el lugar que imaginen. Podría ser un palacio, un calabozo, un campo de flores o un vacío. Podría ser su casa, mi casa, otro planeta, el metro o el apartamento en el que vivieron alguna vez.

Por otra parte, los fantasmas son extremadamente sensibles; por esta razón, pueden captar nuestros pensamientos y sentimientos con claridad cristalina, como si tuvieran una especie de radar especial. Sólo pensar en un ser querido que ha muerto puede atraer ese fantasma a nosotros.

UN PADRE ENCUENTRA EL CAMINO DE REGRESO A CASA

A menudo hago lecturas de demostración ante cientos o miles de personas. Esto me da la oportunidad de trabajar con muchas personas diferentes en un solo lugar, y la comunicación es con frecuencia maravillosa e inspiradora. Cuando comienza una demostración, los fantasmas se alinean detrás de mí y alrededor de sus seres queridos dentro del público, esforzándose por transmitir un mensaje a un esposo, esposa, pariente o amigo. Con frecuencia, en sus comunicaciones, los fantasmas describen cómo es morir. Quieren asegurarse de que la gente comprenda que la muerte es un proceso natural y no el final. En ocasiones, una persona puede incluso tardar en darse cuenta de que está muerta y ha adquirido la forma de fantasma.

Varios años atrás, yo me encontraba en Kansas haciendo una de mis demostraciones. Un fantasma muy fuerte captó de inmediato mi atención e hice contacto con una joven dentro del público llamada Annie. Era la hija del fantasma. Me aproximé a Annie y le pedí que se pusiera de pie.

"Tu padre está aquí".

"¿Verdad?" dijo escéptica.

"Me dice que no lo encontraron durante varios días".

"Ay Dios mío, es él".

"Quiere que sepas que lo último que recuerda fue revisar el inventario. ¿Entiendes?"

"Sí. Era uno de los capataces de la bodega Seward".

"¿Se llama George?"

"Sí", dijo emocionada.

George estaba tan feliz de haber podido ponerse finalmente en contacto con alguien. "Dice que quería asegurarse de que el informe de inventario saliera a tiempo antes de la época de los impuestos".

"Sí, él era el encargado del informe de inventario. Trabajó muchas horas para prepararlo".

"Veo que sube una escalera. Se inclina para alcanzar algunos suministros en la parte de atrás de la repisa. Trata de alcanzarlos, pero no puede. Dice que perdió el equilibrio y cayó de la escalera. Eso es lo último que recuerda".

Le pregunté a George, *¿Cuándo supiste que eras un fantasma?*

George me respondió con sus pensamientos. *No creía que fuese real. Fue bastante extraño, ¿sabes? En realidad no recuerdo haber caído, pero sabía que no podía sostenerme. Recuerdo haber subido la escalera y haber visto mi cuerpo en el piso de cemento. Pensé que estaba soñando. ¿Cómo podía estar en la escalera y en el piso a la vez? Me sentía bien en la escalera. Me sentía como si hubiera dormido una semana entera. Contemplé mi cuerpo en el suelo y no podía sentir nada por esa persona. Intenté gritar para pedir ayuda, pero no había nadie en la bodega, sólo yo. Luego comencé a sentir pánico. Si no me levantaba del piso, me moriría o algo así. Luego todo se volvió un poco nebuloso.*

Miré a Annie. "¿Entiendes de qué está hablando?"

Annie estaba muy callada. Parecía hipnotizada por lo que yo le estaba diciendo.

George continuó enviándome sus pensamientos, y yo se los transmití lo mejor que pude a su hija.

"Delante de tu padre estaba su antiguo compañero del ejército. Dice que sirvieron juntos en Vietnam".

Miré a Annie. "¿Conoces a esta persona? Tu padre dice que se llama Marty".

Annie negó con la cabeza.

"Dice que no había visto a Marty en cuarenta años. Dice que Marty estaba allí para rescatarlo y ayudarlo a encontrar el camino de regreso a casa. Tu padre no entiende por qué Marty estaba tratando de ayudarlo. Dice que Marty le recordó que, cuando estaban en Vietnam, él había salvado a Marty de pisar una mina enterrada. Tu padre dice que él salvó a Marty y que ahora Marty estaba allí para salvarlo a él".

Sabía que el público parecía conectarse con George.

Proseguí. "Tu padre dice que vio la imagen de la selva y que todo sucedía de nuevo, como si se encontraran de regreso en Vietnam. Dice que fue muy extraño".

George estaba transmitiendo una imagen muy conmovedora, que afectó a la mayoría del público. Muchos tenían lágrimas en los ojos.

"Tu padre dice que Marty no pudo salvarlo de morir, pero que deseaba ayudarlo a pasar al otro lado. Tu padre todavía no podía creer que estaba muerto".

Me volví hacia Annie y sonreí. "Tu padre es un poco cabeza dura, ¿verdad? Tiene que ver para creer".

Annie asintió. "Así es él".

"Dice que le pidió a Marty que lo llevara a verte a ti y a tu madre Maggie, e instantáneamente se encontraron en el salón de tu casa. Dice que todo estaba muy desordenado".

"Habíamos llamado a la policía porque llevábamos dos días sin saber de él", replicó Annie.

"Tu padre te vio a ti y a tu esposo Steve tratando de consolar a tu madre".

Annie le confirmó esto al público. "Así es. Estábamos esperando información de la policía. De pronto llamaron a la puerta y dos policías estaban en el umbral. Nos dijeron que había habido un accidente en la bodega".

"Tu padre estaba muy confundido. Sabía que se encontraba a tu lado y, sin embargo, por más que se esforzaba por decirte que estaba bien, nadie podía verlo ni sentirlo".

Le pregunté a George si alguien además de Marty había acudido a llevarlo a la luz.

Pues bien, estaba bastante alterado y cuando escuché a los policías decir que estaba muerto, no supe qué hacer. Entonces pedí ayuda mentalmente y de inmediato comencé a ver a través de la pared del frente de mi casa. Apareció mi hermano menor, Tommy. Lucía de nuevo como un niño. Luego vino mi abuela. Lucía bellísima, como una joven. Tommy me dijo que había llegado el momento de ir a casa. Dijo que mi madre vendría en un rato. Entonces me fui con Tommy y mi abuela, y eso fue todo.

Annie preguntó, "¿Alguien más, papá?"

"Me dice... Clyde".

No supe si Annie iba a llorar o a reír. "Oh, Clyde... Clyde era el perro que tenía cuando era niño".

FUNNY GIRL

La siguiente lectura sucedió durante una demostración en Florida. El salón estaba lleno, con cerca de setecientas personas. El fantasma que apareció en este escenario no recordaba ningún detalle de su muerte, pero una vez que llegó a la luz, se sintió muy feliz.

Yo comencé a cantar en el escenario, debido a la exuberante energía de esta señora. "*Sadie... Sadie, married lady.* Quiero ir a la parte de atrás del salón, a la izquierda. ¿Tiene sentido esto para alguien que se encuentre allí?" pregunté, señalando la parte de atrás del auditorio.

"¡Sí!" respondió una mujer. Audrey se puso de pie. Su madre apareció justo detrás de ella. "Esa era la canción predilecta de mi madre de *Funny Girl.* Esa *debe* ser mi madre".

Lo que luego me vino a la mente me asombró. Este fantasma realmente tenía un gran sentido del humor. Se daba palmaditas en el trasero y sonreía. "Me está indicando su trasero, su *fanny.*"

El público se echó a reír.

"¡Sí! Ese era su nombre," chilló Audrey. "Fannie... como en Fannie Brice. Es por eso que le encantaba esa canción. ¡Oh, cielos!"

De pronto dos mujeres se levantaron al lado de Audrey. Eran las otras dos hijas de Fannie, las hermanas de Audrey, que habían hecho un largo viaje para asistir al evento aquel día. Era evidente para mí que Fannie era completamente indiferente a estas hijas, porque me lo comunicó, *Es lo menos que podían hacer.*

No mencioné lo que dijo Fannie, porque hay cosas que es mejor callar. Más aún, no deseaba entrometerme en una pelea familiar.

Fannie luego me dio una impresión. "Tu madre está hablando de una operación para su pierna".

En ese momento la otra hija, Meryl, habló. "Sí, así es. Fue al hospital para que le hicieran una angioplastia".

Fannie exclamó, *Sí, pero eso no fue lo que me mató. Mi corazón se detuvo.*

Las tres chicas inclinaron la cabeza.

Fannie comenzó a enviarme visiones y pensamientos de su muerte. Por suerte, había una silla en el escenario. Tuve que sentarme porque el mensaje era tan detallado.

"Me está mostrando que se despertó y vio a su madre, a su padre y a su hermana a su lado. Estaba en una cama. La habitación se asemejaba mucho a la que tenía cuando era más joven".

De inmediato, tuve la impresión de que había una ventana que daba sobre un lago. Le pregunté a Meryl, "¿Conoces un lugar así?"

"Sí. Lo conozco. Nuestros abuelos tenían una casa de verano cerca del lago Castle Rock. Solían llevar a toda la familia allí".

Yo continué describiendo la información que me comunicaba Fannie.

"Tus abuelos le dijeron a tu madre que descansara un poco, y ella se sumió en un sueño ligero. Luego se encontró de repente en un campo de girasoles".

"Los girasoles eran su flor predilecta", dijo Audrey.

"Me muestra que muchas personas vinieron a recibirla. Algunas de ellas era gente que ella había conocido en Braxton ¿Tiene sentido?"

"Fue allí donde creció", exclamó Meryl.

"¿Vio una luz o algo?"

"No, no que recuerde", respondí. "Recuerda la noche

antes de la angioplastia; estaba su familia en el hospital. El resto es borroso, hasta cuando vio a sus padres".

"¿Qué va a hacer allá?" preguntó Audrey.

Fannie respondió con rapidez. *¡Descansar! Ya he cuidado de ustedes tres lo suficiente. ¡Ahora es mi turno!*

Todo el público disfrutó de esta agradable comunicación y todos le enviaron buenos deseos a Fannie en su viaje.

Por lo que me han dicho los espíritus, parece que es muy común que cuando acaban de morir y regresan a su hogar espiritual, son llevados a un lugar (habitualmente su hogar de la infancia) que luce idéntico al entorno que tenían en la tierra. Si es una casa, todo, incluyendo los muebles y los aromas, serán igual a como lo recordaba el espíritu.

LA ANCIANA EN LA IGLESIA

Algunas almas aguardan a una persona especial que venga a buscarlas y las lleve a la luz. Otras regresan al lugar donde murieron porque esto les brinda gran tranquilidad. Y otras están confundidas y siguen la misma rutina, como si aún estuvieran vivas, como se verá a continuación.

Volé de regreso a Nueva York para asistir a la boda de mi primo. Cuando entré a la iglesia, advertí a una anciana de rodillas en un reclinatorio a la izquierda de la última fila. Parecía no darse cuenta en absoluto que había una boda.

Me senté en una de las primeras bancas y miré hacia atrás. La dama de la última fila había desaparecido. Me pregunté a dónde habría ido, así que miré alrededor de la iglesia. La música del órgano comenzó y entró la procesión. Durante la ceremonia, ocasionalmente volví la cabeza hacia la parte de atrás de la iglesia para ver si la anciana había regresado. En una de estas ocasiones, la vi sentada en la última banca. Sin embargo, vi también a un hombre que pasó a través de ella y se sentó. Fue entonces cuando comprendí que había estado viendo un fantasma.

Cuando terminó la ceremonia y todas las personas se encontraban en el atrio tomando fotografías, regresé al interior de la iglesia para ver si el fantasma todavía se encontraba allí. En efecto, ahí estaba. Note que llevaba un traje negro, un saco negro y sostenía un rosario negro. Cuando me arrodillé a su lado, me miró. Yo la miré de frente y le envié el mensaje de que podía verla. Me dijo, *Joven, en la iglesia no se habla.*

Me di cuenta de que no sabía que estaba muerta. Le pregunté, *¿Cuánto tiempo lleva usted aquí?*

Susurró mentalmente, *Vengo a la misa de las siete todas las mañanas. Nunca me he perdido ni una. Luego permanezco acá y rezo el rosario.*

¿Cuál es su nombre? pregunté.

Shhh... Hilda. Permaneció en silencio algunos minutos, antes de decir, *El Padre Pat no luce muy bien. Creo que está enfermo.*

Hilda continuó rezando y yo la acompañé un rato. Luego desapareció. Yo me levanté y me fui.

Durante la recepción, mencioné el encuentro con el fantasma a uno de mis parientes. Pronto se extendió el rumor y todos me preguntaban sobre el fantasma en la iglesia.

Un señor mayor se me acercó y se presentó. "Me llamo Ed. Yo solía ser sacristán en esa iglesia. Cuando alguien me dijo lo que usted había visto, pensé que podría hablar con usted de ello. Todos sabían de Hilda. Venía a la iglesia todas las mañanas, vestida de negro".

"¿Sabe usted cuándo murió?" pregunté.

"Murió en marzo de 1970, una semana después de que

murió el Padre Pat. Le dio un ataque al corazón allí mismo en la banca de la iglesia".

Me pregunté por qué se comportaba como si todavía estuviera viva. Estaba seguro de que el Padre Pat la habría escoltado al mundo espiritual.

Meses después de la boda, mi primo me envió unas fotos. Alguien había tomado una fotografía de mí arrodillado en la parte de atrás de la iglesia. A mi lado había una órbita de luz, brillante y redonda. Tenía que ser Hilda.

Creo que a Hilda le gustaba tanto su misa diaria que permaneció confinada en la tierra a causa de ella. Cuando un alma como Hilda está atada tan fuertemente a la tierra a través de sus creencias y de sus hábitos, puede tardar un poco en avanzar hacia los ámbitos celestiales. A través de la oración y de otros medios, los vivos pueden ayudar a quienes se encuentran entre dos dimensiones a pasar al otro lado. Eso es lo que deseo para Hilda.

MUERTE POR SUICIDIO

En ocasiones, transmito mensajes de almas que pusieron fin a su propia vida. Siempre es difícil hablar del suicidio. Cuando escribí mi primer libro, *Talking to Heaven*, expliqué que la gente que se suicida en ocasiones se encuentra en una existencia semejante al limbo. Desafortunadamente, algunas personas pensaron que me refería al "limbo" que hace parte del sistema cristiano de creencias. Eso no fue lo que quise decir.

Cuando una persona se suicida, a veces el alma siente una tremenda culpabilidad y angustia hasta que comprende los efectos de su suicidio sobre sus seres queridos. Dado que el

fantasma se encuentra en un estado mental de enorme aflicción, puede permanecer en el mismo lugar donde experi-
mentó la vida por última vez. Para un alma semejante, tal
existencia puede sentirse como una tortura infligida a sí
misma. Puedo asegurarles, sin embargo, que la mayoría de
las almas que mueren por su propia mano son recibidas, por
lo general, por seres espirituales compasivos que les ayudan
a superar su desesperación. No obstante, el suicidio tiene
consecuencias muy dolorosas para toda la familia.

El cementerio Forest Lawn en las colinas de Hollywood
está cerca de los estudios Universal, donde se filmó *The Ghost
Whisperer*. Un día tuve un poco de tiempo libre, así que decidí visitar la tumba de un muy buen amigo que había muerto
recientemente y estaba sepultado en Forest Lawn. Cuando
caminaba de regreso a mi auto, advertí a una mujer sentada
al lado de una tumba que apartaba las hojas de la losa.
Cuando me acerqué, me miró y nuestras miradas se encontraron.

"Hola", le dije. Señalé a la fotografías del soldado que se
encontraba en la lápida, donde estaban grabadas también las
palabras Hijo amoroso.

"¿Fue una tragedia de la guerra?" pregunté.

"No", replicó. "Una tragedia de la vida".

Supe que necesitaba consuelo, así que me senté a conversar con ella. No quería decirle lo que yo hacía. Estaba allí
para escuchar lo que ella tenía que decir.

"Me llamo Janice. Este es mi hijo, Peter".

Lo que aparece a continuación es una síntesis de lo que
me dijo Janice sobre Peter.

Peter tenía todo lo que podía desear en la vida. Era un
joven inteligente. Sus padres Janice y Mike, que lo amaban

mucho, y sus hermanos Jake y Susan, lo mimaban. Todos pensaban que él era lo mejor. Peter se había destacado en sus estudios y era un líder. Acababa de ingresar al último año de secundaria. Al parecer, fue entonces cuando todo cambió para peor. Algunos de sus compañeros de la escuela le presentaron a una chica llamada Stacey y ambos tuvieron una estrecha relación. Desafortunadamente, Stacey no era una chica de hábitos sanos, y a Janice y a Mike no les agradaba que Peter saliera con ella. "Pensábamos que era una muy mala influencia para él", observó ingenuamente Janice.

Pronto las calificaciones de Peter en la escuela bajaron; a menudo faltaba a las clases y, en ocasiones, dejaba de ir a la escuela uno o dos días seguidos. Janice y Mike advirtieron que los antiguos amigos de Peter ya no lo visitaban. "Cuando comenzó a llegar de la calle cada vez más tarde, comenzamos a sospechar. Pero pensamos que quizás sólo estaba pasando por una fase", prosiguió Janice. Sin embargo, las sospechas de Janice se vieron confirmadas cuando su hija Susan encontró una jeringa hipodérmica en la bolsa de la ropa sucia de Peter. Jake y Susan habían notado también el cambio de comportamiento de su hermano mayor. La persona con quien siempre podían contar ya nunca estaba ahí para ayudarlos con sus deberes o llevarlos al cine.

Janice intentó diversas maneras de ayudar a su hijo. Trató de brindarle escolarización en casa en vez de que vaya a la secundaria, pero Peter se lo resentía. "Tú me has hecho como soy", le dijo Peter. "No soy el hijo perfecto que ustedes quieren". Janice dice que sus palabras fueron como un puñal en el corazón. "Yo nunca esperé nada de Peter. Sólo era una madre orgullosa de él".

Después de que Peter apenas consiguió graduarse de secundaria, Janice aprendió acerca del amor severo y deseaba desesperadamente que su hijo enderezara su vida. "Yo tenía un hermano en Minnesota que tenía una granja y él aceptó que Peter y Jake trabajaran para él en la granja durante el verano". Janice le dio un ultimátum a Peter. "Le dije que era el trabajo o la calle". Ella y Mike se vieron obligados a tomar la decisión de no soportar más el comportamiento irrespetuoso de Peter. En aquel momento, Peter comprendió que no tenía alternativa. Estaba resentido con sus padres, pero se marchó a la granja. Después del primer mes, el viejo Peter parecía haber resucitado. Estaba contento y juguetón; era la misma persona de antes. Janice pensó que Peter lo había superado, pero se equivocaba. Su hermano la llamó para decirle que Peter se había marchado de la granja y que no tenía idea a dónde había ido.

Sin saber qué hacer, Janice llamó a la policía y lo puso en la lista de personas desaparecidas. Un mes más tarde, encontraron que Peter estaba viviendo con Stacey en un inquilinato en las afueras del pueblo. Para entonces, era cien por ciento drogadicto. De nuevo, Peter culpó a su madre. "Todo es tu culpa. Nunca fuiste feliz conmigo".

Janice y Mike habían intentado rehabilitar a Peter, pero después de varios intentos en los sitios de rehabilitación, Peter regresaba a su adicción a la heroína. Janice tuvo que enfrentar el hecho de que la adicción se había apoderado de su hijo y que era muy poco lo que ella podía hacer, salvo rezar. La fe de Janice era fuerte, pero parecía que sólo un milagro podría ayudarla.

Luego sucedió algo interesante. Peter rompió con Stacey y regresó a casa. Dijo que no deseaba herir más a su familia y que quería madurar. Para entonces, Peter se había unido a la infantería de marina. "Dijo que quería volverse un hombre. Su padre y yo nos sentimos muy orgullosos de su decisión".

Después de que Peter se desempeñó perfectamente en el entrenamiento básico, fue enviado de inmediato a la guerra en Irak. Era un buen soldado que sentía que tenía algo que demostrar, no sólo a sí mismo, sino a su familia. "Todos nos preocupábamos por Peter, pero al menos sabíamos dónde estaba y qué estaba haciendo". Peter terminó tres turnos de servicio en Irak antes de recibir su retiro honorable. Toda la familia estaba segura de que Peter era otra persona. Para ellos, era ciertamente un héroe en todos los sentidos.

Sin embargo, un año después de su retiro del ejército, Peter había regresado a la heroína. La mañana del día de Navidad de 2004, Janice y Mike hallaron a su hijo muerto en su habitación de una sobredosis de droga.

Después de que Janice terminó su relato, le dije que lamentaba mucho su trágica pérdida. Podía sentir su herida y su dolor. En aquel momento escuché a alguien sollozar detrás de mí. Lo escuché con mucha claridad, así que miré a mi alrededor. Allí estaba un joven.

Soy Peter, me dijo. Pude ver también que él sentía mucho dolor. Dijo que no había dormido desde hacía mucho tiempo, y se sentía como en una pesadilla. Le pedí que mirara a su alrededor y me dijera lo que veía.

Está muy oscuro aquí y la gente llora. Luego describió lo que le había sucedido cuando murió. *Me desperté, pero no podía regresar a mi cuerpo. Podía oír llorar a mamá.*

Mentalmente, le envié a Peter el pensamiento de que ahora era libre.

Me siento prisionero de mis propios pensamientos y eso es el infierno. Me siento tan culpable de haber culpado a mi madre de mis propios pro-

blemas. Ahora veo con claridad cuánto la herí. Lo único que quiero es decirle que lo siento.

En aquel momento, me vi obligado a explicar mis habilidades. Ella lloraba. "He estado sentada aquí pidiendo un signo de que mi hijo está bien".

"Su hijo siente mucho dolor por la culpa que tiene", le explique a Janice. "Muchas personas salieron a recibirlo y a llevarlo por el túnel de luz, pero se negó a partir. ¿Entiende?"

Janice se secó las lágrimas de sus ojos.

"Su hijo siente que no merece la felicidad. No puede partir hasta que pueda decirle cómo lamenta no haberla amado como usted lo merecía. Dice que la culpaba por la forma como se desarrolló su vida porque él no quería asumir su propia responsabilidad".

Janice me contó una anécdota de Peter cuando tenía nueve años. "Hubo una tormenta repentina y yo estaba afuera, tratando de terminar mis labores en el jardín. Peter gritó desde el pórtico para que entrara antes de que me enfermara, pero permanecí afuera cerca de media hora más mientras terminaba. Naturalmente, a la mañana siguiente, tenía fiebre y un resfriado. Peter cuidó de mí. Me preparó el desayuno y me acompañó como una buena enfermera. Incluso me leyó algo. Era un hijo maravilloso, que me amaba mucho".

Mientras Janice narraba su historia, pude ver que Peter anudaba sus brazos alrededor del cuello de su madre. Ella podía sentir su energía a su alrededor. Levantó la mirada al cielo y dijo, "Te amo, Peter. Eres mi hijo, y ¡yo te perdoné! ¡Sólo quiero que seas feliz!"

Ante estas palabras, la energía de Peter cambió. Parecía mental y emocionalmente más liviano. Sus rasgos se hicieron más claros y definidos. Me agradeció y envió un último mensaje a su madre.

"Quiere que usted sepa que, llueva o truene, siempre la amará".

Peter finalmente se encontró libre para partir y, en un instante, había desaparecido. Janice también se liberó. Podía echar de menos a su hijo y llorar su pérdida, pero podía continuar con su vida, sabiendo que vería a Peter de nuevo al otro lado.

Al igual que Peter, hay muchos espíritus que se encuentran confundidos y angustiados debido a asuntos inconclusos aquí en la tierra. Por suerte, Peter consiguió comunicar sus sentimientos a su madre a través de mí, pudo pedir perdón y avanzar a la luz. Otros espíritus, sin embargo, no tienen la misma fortuna. Incluso cuando saben que están muertos, temen abandonar los lugares que les son familiares o, como Hilda, continúan viviendo sus patrones de memoria una y otra vez, atrapados en su mentalidad terrestre. Literalmente, se empantanan en sus preocupaciones materiales y comodidades terrenales y se encuentran atrapados entre el mundo terrenal y el espiritual. Se convierten en lo que conocemos como espíritus atados a la tierra.

CUATRO

Los muertos
aferrados a la vida

Como lo mencioné anteriormente, cuando un fantasma, por alguna razón decide permanecer cerca del plano de la tierra literalmente está atado a ella. Hay una serie de razones por las cuales un fantasma permanece aferrado a su vida terrenal.

- La persona tiene algún asunto inconcluso con alguien en la tierra.

- La muerte fue repentina e inesperada, como un accidente de auto o un asesinato, y la persona fallecida no es consciente de su condición.

- La persona quiere asegurarse que sus últimos deseos se cumplan.

- Una persona con determinadas creencias religiosas puede temer lo que le espera, especialmente si tales creencias incluyen el infierno y la condena eterna.

Dado que los espíritus atados a la tierra residen en un estado mental y emocional muy vívido, sus sentimientos y pensamientos son extremadamente poderosos. Un espíritu atado a la tierra puede ser implacable en su deseo de obtener lo que quiere. Imaginen una situación en su vida en la que piensan una y otra vez hasta que se convierte en una obsesión. Quizás nos aferramos obstinadamente a un punto de vista particular y no nos movemos de ahí. Un espíritu atado a la tierra puede tener este mismo carácter obsesivo, sólo que ampliado cientos de veces. Cuando un alma se da cuenta de sus errores y agota el deseo de seguir patrones de comportamiento obsesivos, puede avanzar hacia el otro lado.

Muchos fantasmas se han quedado atrás debido a asuntos familiares inconclusos. Quizás el esposo murió sin haberle dicho a su esposa dónde estaba la póliza de seguros y, sin ella, la esposa podría quedar en la miseria. En ese caso, el esposo intentará comunicarse con ella de todas las formas posibles, a pesar de cuánto tiempo le tome, para hacerle saber dónde está la póliza. Permanecerá en la tierra hasta que se resuelva la situación.

BAJO LA INFLUENCIA

A diferencia de lo que sucede en los relatos típicos de fantasmas, los fantasmas atados a la tierra no se pasean por terrenos baldíos y cementerios. Por el contrario, se sienten extremadamente atraídos por la energía de los seres vivos y se desplazan en lugares donde florece la vida. Utilizan la fuerza vital de estos seres para alimentar su poder. Estos fantasmas tienen mucha influencia y, en ocasiones, pueden llevar a que las personas se comprometan con actividades que habitualmente no realizarían.

Recientemente, mi amiga Laura me contó sobre su experiencia con fantasmas atados a la tierra. Era 1995 y ella se había mudado a una casita en Venice, un vecindario de Los Ángeles. En la década de los sesentas, Venice estaba atiborrado de traficantes de droga, hippies y el grupo de motociclistas Hell's Angels. Por aquella época, en ese lugar se cometieron muchos crímenes violentos y asesinatos relacionados con la droga.

"En cuanto nos mudamos, me sentí muy alterada", dijo Laura. "No quería permanecer en la casa y buscaba toda clase de pretextos para salir. Cuando salía, quería parar en una tienda para comprar cigarrillos y, sabes, yo no fumo. Pero sentía esta urgencia abrumadora de comprar cigarrillos".

"¿Qué sucedió?" pregunté.

"Pues bien, no compré los cigarrillos. Unos pocos meses más tarde me imaginé que un fantasma rondaba esa casa. Fui a ver a una psíquica y ella me dijo que había dos personas viviendo en la casa y que estaban juntos en el suelo de una pequeña habitación y no querían marcharse. Dijo que habían muerto en ese preciso lugar de una sobredosis de drogas".

"Ay Dios mío", respondí.

"Me dijo que eran los fantasmas quienes me enviaban todo el tiempo a buscar cigarrillos".

"Entonces, ¿qué hiciste?"

"La psíquica y yo concentramos nuestra energía y pensa-

mientos para que se marcharan. Nos tomó varias horas, pero
finalmente partieron. Después de esto nunca sentí la urgencia de salir de casa o de comprar cigarrillos".

EL MARINERO

Un fantasma también puede quedar atado a la tierra por
haber sufrido una muerte traumática, como el asesinato, o
una muerte inesperada, como un accidente aéreo. En una
situación de esta índole, es posible que la persona no se de
cuenta de que en realidad ya esta muerta; puede estar viviendo la ilusión de que aún está con vida. Una vez estaba en
una sesión de espiritismo con Leslie Flynt, una médium bri-
tánica muy famosa. Leslie, la médium más examinada del
siglo veinte, era elogiada como la médium *física* más importante del mundo. Un médium físico es muy poco común y
muy diferente de un médium mental. Un médium mental
usa sus sentidos, tales como ver, oír y sentir para ponerse en
contacto con los espíritus. Un médium físico se pone en
contacto con los espíritus a través de su propio cuerpo físico.
Un fantasma usa la energía física del médium y adopta una
forma que resulta físicamente visible, o bien usa la voz del
médium para hablar. Este último método era la forma como
se comunicaban los fantasmas a través de Leslie Flynt.

Mientras un grupo de nosotros estaba sentado en un círculo, apareció el fantasma de un joven marino inglés de la
Segunda Guerra Mundial. Informó que era parte de un bloqueo naval que intentaba interceptar botes-U alemanes.
Agregó que su barco había sido bombardeado y que se encontraba en el mar aferrado a una roca. La pobre alma estaba
confundida sobre sus circunstancias. Pensaba que si soltaba

la roca se ahogaría. Su imagen mental era tan fuerte que no se atrevía a dejarse ir.

La luz compasiva creada por la sesión nos había atraído a esta alma en particular. De hecho, la gente del grupo era parte de un círculo de rescate y hacían este tipo de cosas regularmente. Leslie le dijo a este joven que ya estaba muerto. Inicialmente, el marino lo encontró difícil de creer. A medida que otros miembros del grupo le dieron instrucciones de que pensara en su madre muerta, la madre del marinero apareció para ayudarlo a cruzar hacia la luz. Cuando el joven se dio cuenta de lo sucedido, estaba preparado para continuar. Es posible que se pregunten por qué su madre, u otro de sus familiares muertos, no habían acudido en su ayuda antes. La respuesta es sencilla. El joven estaba tan obsesionado con su situación que, con todo su corazón y su alma, creía que estaba aferrado a esa roca. Mientras lo hacía, creía que no moriría. Se encontraba en un estado tan altamente cargado emocionalmente que no podía imaginar nada aparte de su propio predicamento. Incluso si su madre se hubiera sentado a su lado, no la habría visto.

Los fantasmas atados a la tierra son, a menudo, almas perdidas y necesitan ayuda para salir del ámbito astral inferior y llegar a la luz superior. En ocasiones necesitan la ayuda de los vivos para cruzar al otro lado. Es ahí donde intervienen la sensibilidad y la conciencia. Hay muchos de nosotros que podemos ayudar a estas almas perdidas a continuar su camino.

Varios años atrás, yo dirigía mi propio programa de televisión llamado *Beyond*. Decidimos producir un segmento sobre actividades paranormales, así que nos trasladamos en vivo a Oklahoma City para filmar una casa embrujada. Estábamos en la mitad del verano; aún recuerdo el calor que hacía ese día. Cuando llegamos al hotel, nos recibió Mary Ann Winkowski, una verdadera caza fantasmas, quien participaba en el programa conmigo. Nunca olvidaré la primera impresión que tuve de ella. Parecía una típica ama de casa de los suburbios, quien se sentiría más cómoda en casa horneando galletas que persiguiendo fantasmas. Tenía un sentido del humor vivaz, y una manera maravillosa de burlarse de sí misma y del trabajo que hacía para ganarse la vida. Sobra decirlo, Mary Ann y yo nos llevamos bien desde que nos conocimos.

Aquella noche, Mary Ann, el personal de producción y yo cenamos juntos. Mientras esperábamos que nos sirvieran la cena, Mary Ann describió detalladamente su vida. "La primera vez que me di cuenta de que era diferente tenía cerca de cinco años. Mi abuela me sorprendió hablando con mi abuelo. 'Tienes el don,' dijo".

Mary Ann prosiguió. "A menudo me comunicaba con espíritus de niños en el jardín de mi casa. Cuando mis amigos venían a jugar, preguntaban, '¿Con quién hablas?' No era fácil decir en aquella época, 'Veo gente muerta'".

"¿Cuándo supiste que eras una médium?" pregunté.

Mary Ann me corrigió rápidamente. "Yo no soy una médium, James. No me comunico con espíritus que han cruzado al otro lado. Los únicos que veo y escucho son aquellos que están atados a la tierra".

Mary Ann explicó su punto de vista sobre los fantasmas atados a la tierra.

"Cuando un fantasma atado a la tierra quiere permanecer en la tierra y causarle problemas a los vivos, por lo general recibo una llamada", dijo. "Los fantasmas me dicen el día de su nacimiento, la fecha de su muerte, el nombre del cementerio en el que están sepultados, nombres de miembros de su familia, qué tipo de trabajo tenían y más. Les pido que me digan qué les preocupa. Habitualmente me explican por qué continúan en la tierra y qué es lo que quieren. Mi trabajo es ayudar a los fantasmas atados a la tierra a pasar al otro lado. Así, después de que el fantasma me cuenta lo que le inquieta, imagino una luz blanca en la pared y le digo al fantasma que vaya hacia la luz. A veces lo hacen, otras veces no".

Luego dijo algo que tomó al personal por sorpresa.

"Los fantasmas prefieren los lugares llenos de gente. Les agrada alimentarse de la energía de los seres vivos. Necesitan esta energía para tener el poder de permanecer atados a la tierra".

Hubo un sobresalto, luego un silencio mortal.

Uno de los asistentes de producción tuvo el valor de preguntar, "¿Hay fantasmas aquí en este momento?"

De pronto la expresión de Mary Ann se congeló mientras sus ojos miraban alrededor del salón. "Sí. Puedo ver tres. Dos hombres y una mujer. El hombre y la mujer entraron al restaurante vinculados a alguien que se encuentra en el rincón, y el otro hombre viene aquí todo el tiempo porque este es su lugar predilecto. Disfruta del olor de la carne a la parrilla".

Sintiendo que todos deseaban escuchar más, Mary Ann continuó. "Los fantasmas casi siempre se apegan a amigos y parientes. Es común que sigan a sus seres queridos por todas partes".

Aquella noche, Mary Ann nos entretuvo a todos con sus relatos sobre fantasmas, y especialmente con relatos sobre su trabajo con el FBI y las agencias locales de policía.

"Una noche, mientras dormía, escuché un ruido", dijo Mary Ann. "Me desperté y vi a mi amigo Thomas al pie de mi cama". Explicó que Thomas era un agente de la DEA (por sus siglas en inglés, *Drug Enforcement Administration*); los dos habían trabajado juntos muchas veces en casos de asesinatos.

Mary Ann prosiguió. "Le pregunté a Thomas, '¿Qué haces en mi habitación?' Respondió, 'Me acaban de asesinar y tú eres la única persona que puede decirle a mi compañero quién me mató y dónde puede encontrar mi cuerpo'".

Mary Ann explicó que Thomas estaba trabajando como agente encubierto para investigar un grupo de traficantes de droga y uno de ellos había descubierto su verdadera identidad. Thomas fue asesinado y su cuerpo lanzado a un pantano al sur de Cleveland. Cuando Mary Ann transmitió esta información a la policía, ellos recuperaron el cuerpo de Thomas y, al final, su asesino fue capturado.

Después de la cena, estábamos demasiado nerviosos para dormir, así que decidimos ir al sitio de la filmación. Mary Ann y yo estábamos ansiosos por determinar si, en efecto, había fantasmas rondando la casa. Mientras conducíamos calle arriba, miré a Mary Ann. Tenía una mirada extraña, como si estuviese en un trance, y permanecía en silencio. Yo decidí cerrar los ojos. Jeff, nuestro productor, conducía el auto a paso de tortuga, mientras buscaba el número de la casa. De repente Mary Ann y yo exclamamos al mismo tiempo, "¡Detente!" Jeff oprimió el freno de inmediato y el auto se detuvo con un chirrido frente a una casa de madera con persianas marrones.

"¿Puedes ver esa energía oscura sobre el tejado?" pregunté.

"Sí... parece como un domo de nubes", replicó Mary Ann.

Por el tamaño de la masa de sombra que rodeaba la casa, dedujimos que había una serie de fantasmas que la rondaban. Oprimí la mano de Mary Ann. Finalmente había encontrado un espíritu afín, perdido desde hacía largo tiempo.

A la mañana siguiente llegamos a la casa embrujada, ansiosos de entrar en ella. Los dueños aguardaban al lado de la puerta para acogernos. Beth, la esposa, parecía excesivamente feliz de tener fantasmas viviendo en su casa. Le susurré a Mary Ann, "¿Crees que ella nos dará problemas?" Mary Ann asintió. "Posiblemente no quiere que se marchen".

Mary Ann comenzó de repente a girar la cabeza en todas direcciones. "Hay un hombre mayor aquí. Su nombre es William. Nació en 1857 y murió en 1935. Está aquí para proteger al niño". Seguí a Mary Ann a una de las habitaciones. Vimos que era la habitación del niño de los dueños por los juguetes y juegos dispersos por el suelo.

Cuando entramos a la habitación, Mary Ann dijo, "Hay un niño llamado Jimmy en el extremo de la cama".

"Pregúntale por qué siente la necesidad de estar aquí", dije.

"Porque nunca tuvo los juguetes que tiene este niño", respondió. "Está fascinado con todos estos aparatos electrónicos y a menudo juega al lado del otro niño. También tiene un problema de dicción. Teme estar solo. El hombre mayor fue sepultado al lado de niño, así que permanece con él para acompañarlo. El niño dice que no está preparado para partir".

"¿Dónde están sepultados?"

"En el cementerio Holy Cross, cerca de aquí".

Mary Ann agregó, "Hay otros dos fantasmas que visitan esta casa, pero no permanecen mucho tiempo aquí. Uno de ellos es un joven de diecinueve años llamado Harold Spratt. Murió en un accidente de auto. Sigue a la chica adolescente que vive en esta casa y viene ocasionalmente. Dice que le agrada su energía y que la encuentra atractiva".

"¿Me estás diciendo que este fantasma es un pervertido?" exclamé.

"Es un joven típico de diecinueve años. En su cuerpo fantasmal, puede hacer cosas e ir a lugares a dónde no podía ir antes".

"¡Entonces es un mirón!" dije. La idea de que este fantasma siguiera a la chica adolescente me repugnaba.

"El otro fantasma es Johnson. Era una especie de entrometido del vecindario. Sufrió un ataque al corazón y murió en este garaje. Le desagrada especialmente la gente que compró su casa, la casa vecina, así que permanece aquí sólo para causarles problemas".

Le pregunté a los dueños sobre su vecino. Afirmaron que, en efecto, tenían un vecino de apellido Johnson, quien había muerto de un infarto en el garaje.

"Siempre se quejaba de algo," dijo Beth. Cuando le dijimos a Beth que aún permanecía allí, casi salta por los aires. "Apuesto que es él quien le causa todos esos problemas a la joven pareja. Siempre están teniendo algún tipo de problema con la plomería y con la electricidad".

Mary Ann le advirtió a la hija que debía protegerse siempre, visualizando una luz blanca a su alrededor. "Lo mismo deben hacer todos ustedes", continuó. "No querrán seguir trayendo fantasmas perdidos a su casa".

Mary Ann preguntó a los dueños, "¿Quieren que yo cree un portal de luz para que los fantasmas puedan pasar al otro lado? Cuando lo haga, si ellos se van hacia la luz, notarán definitivamente un cambio en la atmósfera de la casa. Se sentirá más apacible".

Beth replicó, "No quiero que se marchen. Ya estoy triste porque sé que los echaré de menos. ¿Está segura de que no hay una manera de que puedan permanecer acá sin molestarnos?"

Mary Ann y yo nos miramos, pensando, *Lo sabíamos*.

"Si los mantiene aquí, en realidad no sería justo con ellos", expliqué. "Son espíritus y deben continuar su viaje. Lo mejor que se puede hacer es liberarlos de las cadenas de este plano terrenal".

Beth era obstinada. Los fantasmas no sólo la hacían sentirse especial, sino que alimentaban buenos comadreos. Es irónico que nosotros, los vivos, podamos mantener a los muertos a nuestro alrededor con nuestros pensamientos con igual facilidad como los muertos pueden manipularnos con los suyos.

Finalmente, Beth cedió y Mary Ann comenzó a concentrarse. "Estoy creando una luz blanca en la pared, una especie de puerta". En cuanto inició sus visualizaciones, todos los que nos encontrábamos en la habitación, incluyendo al equipo de filmación, sentimos una diferencia inmediata en el ambiente, como si se hubiera levantado un peso. El vello de mi brazo se erizó. Supe que los fantasmas habían partido.

Después del receso para almorzar, Jeff se me acercó. "Necesito filmar más. Que Mary Ann cree una luz en su mente es maravilloso, pero no es algo que pueda ver nuestra audiencia en la televisión".

"Quizás deberíamos tratar de encontrar el cementerio que mencionó y ubicar las tumbas de estos fantasmas", sugerí.

Jeff le pidió al dueño las páginas amarillas y anotó la dirección. Todos subimos a los autos y condujimos cerca de veinte minutos hasta el cementerio Holy Cross. Yo estaba muy entusiasmado con la idea de encontrar las tumbas de los fantasmas. Pensé para mis adentros, *James, sólo tú puedes entusiasmarte tanto con una visita a un cementerio.*

Aun cuando el cementerio era de un tamaño regular, nos tomó largo tiempo hallar las tumbas y el calor insoportable nos estaba afectando cada vez más. Tal vez, al final, mi brillante idea no había sido tan brillante. Parecía que avanzábamos en círculos, buscando las tumbas del anciano y del niño. Mi cerebro estaba frito. Pronto ya no tendríamos que buscar más, pensé, porque yo habría muerto de insolación y el programa se cancelaría.

"Muchachos, debo descansar un momento", grité. Me senté a la sombra de un árbol con una botella de agua para refrescarme. El equipo seguía buscando. Cerré los ojos y me pregunté cuánto tiempo más tardaríamos en hallar las tumbas —si es que algún día las encontraríamos.

De pronto sentí que halaban mi pantalón. Abrí los ojos y vi a un niño vestido con bragas, un chaleco, una chaqueta y un sombrero. Abrió la boca y habló con un sonido semejante a un silbido. *Zoy Zimmy... Zimmy McKevit. Mi cuerpo está allí.* Señaló la segunda hilera de tumbas a mi derecha. Me incorporé atónito, giré en dirección de las tumbas y luego hacia atrás otra vez. En aquel instante, el niño había desaparecido. Caminé hacia la hilera de tumbas y, en efecto, allí estaba. Junto a la lápida de Jimmy estaba la lápida de William Arling, nacido en 1857 y fallecido en 1935. Sentí que el entusiasmo me invadía como un niño que abre sus regalos la mañana de Navidad.

Llamé al equipo, "Muchachos, creo que encontré algo".

Como ya no estaban atados a la tierra, los dos fantasmas eran libres de pasar al otro lado, pero estoy seguro de que permanecieron en el ambiente que les era familiar, no para rondar a nadie, sino tal vez para proteger.

Sabía que Mary Ann y yo éramos almas gemelas. Habíamos hecho este trabajo antes y estábamos juntos de nuevo en esta vida para ayudar a la gente a comprender el mundo de los fantasmas. Mary Ann era una persona especial y yo quería compartir su don con el resto del mundo. Finalmente, *The Ghost Whisperer* se convirtió en un programa de televisión basado en el trabajo de su vida.

LA OBSESIÓN DE UN FANTASMA

Uno no cambia automáticamente su configuración mental y emocional después de morir. Si estamos obsesionados con el dinero, por ejemplo, la adoración al dinero todavía está allí después de la muerte. Como dice el refrán, "no puedes llevártelo contigo"—pero algunas personas tratan de hacerlo. Los fantasmas obsesionados con el dinero que dejaron atrás tratarán de controlarlo desde el otro lado, influenciando a sus herederos con sus pensamientos. Esta puede ser una dura lección para la gente que, sencillamente, no puede dejar de aferrarse.

Annette Baker era este tipo de persona. Alguna vez fue una de las ejecutivas más exitosas del mundo del entretenimiento y de los productores de televisión. Se ajustaba al estereotipo de la ejecutiva que luchaba por todos los medios hasta llegar a la cumbre, y pasaba por arriba de los cadáveres que dejaba en su camino. En vida fue una tirana, ladrando órdenes y humillando a los demás, para asegurarse de que todos supieran que era ella quien mandaba. El poder era su "dios".

Durante una reunión con los escritores de *The Ghost Whisperer*, apareció el fantasma de Annette. Entró a la oficina y de inmediato comenzó a mirar por encima de los hombros de todos, para ver qué escribían.

Luego vomitó una diatriba de críticas. *¿Qué saben ellos? Yo produje algunos de los mejores programas de la televisión.*

Annette se paseaba a nuestro alrededor, diciendo lo maravillosa que era y que nadie la había apreciado. Era una bendición que ninguno de los escritores fuera consciente de lo que estaba sucediendo. Cuando terminó de elogiarse, se retiró apresuradamente hacia el pasillo; sin duda se dirigía a la oficina del presidente de los estudios para decirle un par de cosas sobre cómo debía manejar ese lugar.

Es sorprendente cómo estamos de increíblemente atados a nuestros estados mentales y emocionales. La culpa, la ira, el resentimiento, mantienen al alma en una prisión auto impuesta incluso después de morir. Para continuar nuestro camino, debemos aprender a perdonar a otros y a nosotros mismos.

FRANCAMENTE, SEÑORITA SCARLET...

Para algunos fantasmas es difícil abandonar sus vidas terrenales debido a recuerdos queridos de buenos tiempos, amores no correspondidos u objetivos sin realizar. Estos fantasmas atados a la tierra se sumen de tal manera en sus recuerdos que no pueden abandonar su vida pasada.

Yo me encontraba en la recepción de los viejos Estudios David O. Selznick en Culver City con mi ejecutiva de desarrollo Danielle Butler, aguardando que se iniciara una reunión a las tres de la tarde con los productores de televisión para discutir posibles programas para la próxima temporada. David O. Selznick hizo algunas de las películas más extravagantes y populares del siglo veinte. Las oficinas estaban ubicadas en el auténtico escenario de la plantación de *Lo que el viento se llevó*. La edificación no ha sido modificada desde entonces. De pronto el vello de mi brazo se erizó. Sentí una gran actividad fantasmal en la recepción, especialmente alrededor de la larga escalera serpenteante. Yo había estado en muchos estudios en Los Ángeles, comunicándome con personalidades fallecidas de la televisión y del cine, quienes habían permanecido en su viejo ambiente durante años, pero esta era la primera vez que encontraba tantos fantasmas en el mismo lugar.

Cuando miré a lo alto de la escalera, pude ver la balaustrada que rodeaba las oficinas del segundo piso. Una multitud de fantasmas, vestidos con diversos disfraces, se paseaban alrededor de estas oficinas. Un grupo de fantasmas con uniformes color caqui subía por las escaleras. Parecía que acabaran de salir de una película de guerra hecha a comienzos de la década de 1950. Al mismo tiempo varias coristas con trajes coloridos bajaban la escalera y se cruzaban con ellos.

Me volví y susurré a Danielle, "Este lugar está definitivamente embrujado". Justo en aquel momento, levanté la vista y de inmediato me sentí atraído por una mujer que bajaba la escalera; llevaba un traje amarillo de las plantaciones y una cinta amarilla anudada en el cabello. Inclinó la cabeza y siguió bajando. Un caballero negro, que bailaba zapateo mientras bajaba, la seguía. Reconocí al legendario Bill "Bo Jangles" Robinson de la película de Shirley Temple *El rebelde más pequeño*.

Era una experiencia bastante asombrosa de actividad fantasmal. Cuando entré a la reunión lo primero que dije fue, "¿Saben que este sitio está completamente embrujado?" Los productores sólo me miraron sorprendidos, sin ser conscientes de que compartían su ambiente con fantasmas de otra época.

El tiempo que pasamos en esta tierra es un tiempo para aprender. Desde un punto de vista espiritual, lo único que se espera de nosotros es que nos amemos a nosotros mismos —no de una manera narcisista, sino que nos valoremos como los seres espirituales que somos. Estamos aquí para hacer lo mejor que podamos y para tratar a los demás con compasión y bondad. El nivel humano es una gran escuela en la que nuestras almas pueden aprender y crecer. Si comprendemos esto, nuestra transición al otro lado puede ser fácil y dichosa.

Al final, los fantasmas atados a la tierra agotan sus deseos terrenales y sienten que quieren experimentar algo más. Cuando lo hacen, están listos para pasar a dimensiones mentales y espirituales superiores.

CINCO

El mundo de los espíritus

Una y otra vez se me pregunta, "¿Dónde está el mundo de los espíritus?" Desafortunadamente, no hay una respuesta fácil o sencilla a esta pregunta. Para comprender dónde está y qué es el mundo de los espíritus, debemos cambiar nuestra forma de pensar. El mundo de los espíritus no es un lugar geográfico *per se*, como tampoco un sitio que pueda encontrarse en un mapa. El mundo de los espíritus es en realidad un estado energético.

El universo está compuesto de ondas electromagnéticas. Es posible que no seamos físicamente conscientes de estas ondas de energía, pero sabemos que existen porque vemos imágenes en nuestros televisores, escuchamos voces en nuestros teléfonos celulares y comemos comida cocinada en hornos microondas. Estas ondas están sintonizadas individual y exactamente a una frecuencia particular para que puedan funcionar correctamente.

Al igual que las ondas electromagnéticas de nuestro universo físico, el mundo de los espíritus está conformado por miles, quizás millones, de dimensiones de energía, y cada una de ellas tiene su propia vibración distintiva. Estas vibraciones se superponen unas a otras y, por lo tanto, penetran nuestro mundo físico. Al igual que el Internet, las dimensiones espirituales pueden interactuar con personas en todo el mundo sin que la persona deba dejar la privacidad de su hogar.

Es posible que no seamos conscientes de la multitud de vibraciones que nos rodean pero, sin embargo, existen. Desafortunadamente, la mayoría de la gente no puede sintonizarse con estas vibraciones sin algún tipo de entrenamiento.

Las dimensiones del mundo de los espíritus se asemejan al mensaje de la Biblia que aparece en Juan 14:2: "En la casa de mi Padre hay muchas mansiones. De no ser así, se los habría dicho". Creo que las "mansiones" a las que se refiere este pasaje son las diversas dimensiones espirituales. Como médium tengo la capacidad de penetrar estas dimensiones, elevando mi vibración a frecuencias más altas. Así, puedo ser un canal entre el mundo físico inferior, más lento, y las dimensiones vibrantes más rápidas del mundo espiritual invisible. Todos podemos ser canales si dedicamos tiempo y esfuerzo a hacerlo. Una de las maneras más rápidas de intensificar nuestras vibraciones es a través de la meditación.

DIMENSIONES ESPIRITUALES

Muchos años atrás tuve el honor de conocer a Mark Macy, un investigador dedicado a la ciencia quien, como yo, estaba interesado en ofrecer pruebas detalladas de la vida después de la muerte. Buena parte de su trabajo ha sido pasado por alto, incluso hasta la fecha. Macy estaba en la vanguardia de las investigaciones sobre las diversas maneras como los fantasmas se comunican con los seres vivos. Hacía parte de *World Instrumental Trans-Communication,* una organización de investigadores que utilizaron diversas tecnologías, tales como la radio, la televisión y las computadoras para traer mensajes y comunicaciones del mundo espiritual. He estudiado el trabajo de Macy durante años y encuentro que mucha de la información que recolectó se asemeja en muchos aspectos a las descripciones de los fantasmas que he recibido a través de mi propio trabajo psíquico.

A medida que explico los diversos niveles del mundo de los espíritus, les ruego que recuerden que lo hago basándome en mi propia evolución espiritual. Un fantasma que quiera expresar el color rojo a través de mí estará limitado por lo que yo entiendo por color rojo. El fantasma tiene que usar mi marco de referencia. Otro médium puede tener una interpretación diferente del color rojo, basada en su propio marco de referencia. Por otra parte, las dimensiones del mundo de los espíritus no son fáciles de describir. Yo estoy limitado por términos humanos inadecuados. Con frecuencia es difícil describir dimensiones que son etéreas y celestiales. Encuentro frustrante tratar de explicar las increíbles visiones, colores y sentimientos que se me comunican. Las palabras no hacen justicia a los ámbitos espirituales.

Cuando abandonamos nuestros cuerpos físicos en la muerte, entramos a una dimensión delicadamente afinada. Como se discutió en el capítulo anterior, la experiencia de cada persona al entrar al mundo astral es diferente pues depende de su sistema de creencias, su nivel de temor o de ignorancia y su evolución espiritual. A medida que atravesamos el nivel astral inferior y avanzamos hacia las dimensiones superiores, las experiencias se tornan aún más extrañas. Los pensamientos y los sentimientos se intensifican. Los fantasmas viajan a varias dimensiones hasta que llegan a una dimensión que coincide con su nivel de conciencia.

En la tierra muchos de nosotros compartimos la vida con otras personas que tienen ideologías completamente diferentes de las nuestras. Si observamos el mundo, vemos una multitud de creencias religiosas y diversas ideas sobre cómo es la vida. Vivimos con la diversidad porque la tierra es nuestra escuela y estamos aquí para aprender de las diferencias que todos nos ofrecen. No obstante, en las dimensiones espirituales gravitamos hacia una dimensión de mente análoga a la nuestra, y hacia otros que tienen los mismos puntos de vista y se encuentran en el mismo nivel de evolución que nosotros. Creamos con nuestros pensamientos palabras y obras, y la forma como hemos vivido nuestra vida es donde terminaremos después de morir. Si seguimos determinado credo o religión, por ejemplo, estaremos con otras personas que comparten la misma filosofía.

NUESTRA FE NOS INFLUYE

Hace unos años hice una lectura con Malcolm Jamal Warner de *The Cosby Show*. Malcolm era y es una persona maravillosa, creativa y amorosa. En la mitad de la lectura, apareció una mujer muy grande que había muerto en un accidente de auto. Llevaba un traje amarillo y un sombrero blanco de ala ancha. Parecía que se dirigiera al servicio dominical de la iglesia.

Se puso delante de mí y dijo, *Mi nombre es Virginia, y creo que usted está haciendo el trabajo del diablo al hablar con los espíritus.*

Le pregunté, *Si soy malo, ¿por qué apareció?*

Porque lo amo.

Es por eso que hago este trabajo... por amor.

Ella insistía. *No, el demonio le está poniendo palabras en la boca.*

¿Usted es el diablo? pregunté.

Estaba estupefacta. *Desde luego que no.*

Al fin, comenzó a comprender a qué me refería. Sin embargo, continuó citándome varios pasajes de la Biblia.

Cuando le transmití el mensaje a Malcolm, él sonrió. "¡Es mi tía Virginia!"

Esta lectura demostró con cuánta tenacidad podemos aferrarnos a nuestras creencias más arraigadas. ¿Cómo cambiamos tales creencias? Debemos estar abiertos al cambio. Cuando conseguimos ver el amor y la sanación, y pensamos que la gente es buena y no mala, es posible que podamos cambiar nuestra perspectiva sobre la vida en general. Algo que ayuda es poner en duda nuestras creencias. Nuestros pensamientos son poderosos. Pensamientos llenos de amor abren nuestros corazones. Pensamientos llenos de amor ayudan a quienes se encuentran en las dimensiones astrales inferiores a descubrir la verdad y a descubrir la luz.

EL PLANO ASTRAL INFERIOR

Cuando una persona abandona su cuerpo físico en el momento de morir, el cordón de plata, que alguna vez ató el cuerpo etéreo al cuerpo físico, se corta. Lo que queda es una réplica exacta del cuerpo físico sólo que más liviano, más sutil y más vibrante.

La primera dimensión más allá del ámbito físico que encuentra un fantasma es la dimensión astral inferior, que vibra cerca del ámbito de la tierra y está ubicada entre la tierra y las esferas superiores. Muchos fantasmas me han comunicado que este nivel es gris y borroso; dicen que les recuerda la neblina de la bahía de San Francisco. Los fantasmas no permanecen habitualmente mucho tiempo en este nivel astral inferior. Únicamente las almas que no han evolucionado se quedan en este oscuro mundo.

En el nivel astral inferior, los pensamientos se escuchan y se ven con gran claridad. Los fantasmas no pueden ocultar sus pensamientos como lo hacen los seres humanos. De hecho, el mundo astral inferior, mentalmente cargado, amplifica todos los pensamientos y emociones. Con frecuencia me refiero a este mundo como nuestro basurero mental y emocional. Cuando los fantasmas deciden permanecer en esta dimensión astral inferior, se convierten en una creación colectiva de aspectos de los seres humanos que están atados de manera obsesiva a emociones sin resolver, usualmente de carácter negativo, tales como la ira, la depresión, la desesperación, la soledad, la culpa, la adicción, la crueldad y el odio. El mundo astral inferior es sombrío porque allí los fantasmas parecen alimentarse de la negatividad relacionada con esta creación colectiva. Es como si los fantasmas estuviesen limitados por un fuerte control de la mente. Dado que los pensamientos permanecen con nosotros durante nuestro viaje, nuestros puntos de vista también lo hacen. Creencias, gustos, disgustos y juicios siguen siendo exactamente como son. No hay milagros o revelaciones instantáneas ni omniscientes cuando morimos.

A menudo me preguntan, "¿Qué sucede si una persona no

cree en la vida después de la muerte?" Una persona que no cree que haya vida después de la muerte se sorprenderá mucho al ver que sigue viviendo. Puede tardar mucho tiempo en darse cuenta de lo que ha sucedido y, durante este tiempo, rondará por el ámbito astral inferior. El pensamiento controla la existencia; por lo tanto, lo que creemos es lo que obtenemos.

LOS GRITOS

El nivel astral inferior contiene muchos cuerpos astrales fragmentados, no humanos, sin evolucionar, y formas de pensamiento creadas por el temor. Todos los pensamientos están vivos en este ámbito. Juicios, prejuicios, ignorancia espiritual y malas comprensiones conforman estas formas de pensamientos fragmentadas. Estos pensamientos permanecen en este nivel como bolsillos de energía oscura. Muchos cristianos se refieren al nivel astral inferior como el infierno. No consiste en fuego y azufre, como se nos ha dicho, sino restos de pensamientos negativos.

Después de que decidí dedicarme a mi desarrollo psíquico, uno de los primeros lugares que experimenté con los ejercicios fue el nivel astral inferior. Habitualmente cuento esta anécdota en mis talleres y luego la gente se acerca para compartir experiencias muy similares conmigo.

Acababa de despertarme un domingo en la mañana y me encontraba todavía en un estado de penumbra, entre el sueño y el despertar. Recuerdo la sensación de flotar hacia abajo entrando en mi cuerpo desde un lugar espiritual muy alto, como si cayera de un acantilado. La sensación no era de temor; se asemejaba más a bajar en un ascensor muy rápido.

Puedo recordarlo con mucha nitidez porque continué bajando hasta lo que parecía ser una grieta en la tierra y todo se tornó cada vez más oscuro hasta quedar casi completamente negro. Era extraño y perturbador. Escuché gente gritando. Vi y sentí brazos que se extendían en la oscuridad, tratando de asirme. No eran cuerpos completamente formados, así que supuse que eran formas de pensamiento y energías fragmentadas que habían visto mi luz y deseaban aferrarse a ella. Sabía que estas energías fragmentadas no podían hacerme daño; sin embargo, me sentía incómodo. Cuando abrí los ojos, pensé, *Ay Dios mío, este es un lugar aterrador, oscuro.* Creo que me estaban mostrando este nivel en particular para que yo supiera que existía. Era importante ser consciente de todos los lugares que hay al otro lado, y era importante que enseñara a otros la existencia de estos lugares.

Durante una de las demostraciones que hago para la televisión, presencié algo que nunca antes había visto. Mientras me volvía hacia una joven que estaba en el público, de inmediato fui consciente de un espíritu femenino, mucho mayor y desgreñado, que halaba sus cabellos como si quisiera hacer una cuerda con ellos. Este fantasma estaba del lado derecho de la joven y supe de inmediato que era su madre. Me sentí un poco atemorizado de continuar por lo que veía y sentía. Alrededor de la madre había una energía marrón oscura, semejante al sarro, que sólo puedo describir como "energía sucia". Supe instintivamente que aquel fantasma se encontraba en un nivel muy bajo del mundo astral.

La madre estaba enfrente de su hija y le gritaba insultos. Cada vez que la madre articulaba su energía negativa hacia su hija, yo advertía que ella inclinaba cada vez más la cabeza. Esta era una indicación de que debía protegerme así que rápidamente imaginé una pared de luz dorada entre el fantasma y yo. Era una protección para mantener la energía negativa de esta entidad astral inferior alejada de mí. (Esta es una técnica rápida de protección inmediata contra energía dañina y depresiva.)

Le dije a la joven, "Tu madre está muy enojada y te culpa por toda la mala suerte que tuvo en la vida".

La joven sólo inclinó aún más la cabeza.

Sentí pesar por esta joven porque veía que era muy dulce y tenía un espíritu muy bello. Sin embargo, todos los años de tortura mental y de abuso de parte de su madre le habían robado su inocencia juvenil.

Sentí que su madre era una alcohólica y que había tenido una adicción a la heroína durante su vida en la tierra, y que nunca había asumido su responsabilidad por todas las decisiones equivocadas que había tomado. Por el contrario, culpaba a otras personas de su situación; se había convertido en una persona amargada por su vida frustrada y murió así, en la miseria.

Como espíritu, esta mujer ingresó al mundo astral inferior con su mentalidad negativa intacta. En lugar de tratar de romper con sus viejos hábitos, permaneció en un círculo equivocado perpetuo. Esto era lo único que conocía, y lo único que deseaba conocer.

Cuando intenté que el fantasma comprendiera su situación, reaccionó con violencia. *No sabes de qué hablas.* Luego mencionó que los otros espíritus que residían donde ella estaba eran personas desagradables, enojadas, que nunca me escucharían. Es interesante cómo las cosas similares se atraen.

El fantasma continuó gritándome. Me volví hacia la joven

y le dije, "Voy a ignorar a tu madre porque su comportamiento es atroz". Eso enfureció aún más al fantasma.

No obstante, continué aconsejando a la joven. "Sabes", le dije, "tú no eres responsable de la vida de tu madre".

La joven me miró y sonrió, como si hubiese estado esperando aquellas palabras toda la vida, pero nadie las había pronunciado.

Me encontré con la misma joven varios años más tarde. Me dijo que había asistido a una terapia y que era una persona completamente diferente. Ya no mantenía la cabeza inclinada; estaba erguida y orgullosa de ser quien era.

"¿Todavía te fastidia tu mamá?"

"Ya no sueño con ella. Sé que se encuentra en un lugar que ella creó por la forma como vivió su vida. A pesar de lo que piense de ella, sólo le envío amor y bendiciones".

El ámbito astral inferior no sólo está conformado por nuestros pensamientos y emociones negativos colectivos, sino que continuamente lo alimentamos a través de nuestra negatividad, incluyendo las formas negativas de entretenimiento. Las películas y los programas de televisión violentos, la música que exagera los temores de la gente y el comportamiento cruel pueden parecer atractivos, pero sólo exacerban los pensamientos más bajos de la sociedad. Los creadores de estas imágenes tan negativas pueden estar bajo la influencia de fantasmas del mundo astral inferior. Todo es energía y la energía negativa —tal como el temor, la ira y el odio— se incrusta en el nivel astral inferior. Como en un círculo vicioso, estas formas de pensamiento regresan para obsesionarnos, causando más temores y odios.

Hablamos mucho acerca de salvar el entorno externo, pero todo comienza con nuestro entorno interior. Sé que esto suena como un cliché y como algo aburrido —pensar que el amor, la paz y la bondad pueden salvarnos— pero es verdad. Los pensamientos positivos pueden ayudar a contrarrestar la energía negativa. Nuestros pensamientos positivos y nuestras oraciones son vitales para nuestro bienestar físico y psíquico.

LAS DIMENSIONES ASTRALES SUPERIORES

Así como hay una progresión natural de vida en la tierra, hay también una progresión natural en la otra vida. A medida que un fantasma extiende su conciencia y desarrolla sus músculos espirituales, por decirlo así, pasa de un plano de existencia espiritual a otro. Cuando lo hace cada vez se ve menos atraído por los éxitos terrenales y se siente menos conectado con ellos.

Muchos espíritus pasan a la luz de las dimensiones astrales superiores y llegan a un lugar al que yo llamo Summerland (una parcela de verano). Esta dimensión es casi tan real como la tierra. Es un mundo de construcciones y casas asombrosas, cuyos colores son incomprensibles para las mentes humanas. Muchos de los espíritus de estos ámbitos me comunican que las casas en las que viven se asemejan a sus casas en la tierra, excepto que son perfectas en todos los sentidos. No hay problemas de plomería o de electricidad, no hay escapes de agua o escaleras que crujen. Dicen a menudo que cada casa se encuentra ubicada en un lote que está en perfecta proporción al tamaño de la casa. En otras palabras, no hay desorden urbano. Cuando pensamos en nuestro hogar perfecto aquí en la tierra, estamos creando inconscientemente su contraparte en el nivel astral superior. Asis-

tentes espirituales de los niveles astrales superiores ayudan a
dar forma a nuestros hogares, utilizando nuestros pensamientos, combinados con su propio poder mental. Para
cuando llegamos al cielo, nuestro nuevo hogar nos aguarda,
perfectamente sintonizado con nuestra individualidad y
nuestra configuración.

Además de casas, las dimensiones superiores incluyen
grandes edificaciones, tales como salas de música, museos y
bibliotecas. Nuestros pensamientos a este nivel son concre-
tos, así que lo que hayamos estado planeando y pensando en
realidad se materializa. Todos nuestros sueños y deseos pueden convertirse en realidad en el nivel astral superior. Las
obras más grandes de la humanidad se crean inicialmente en
el nivel astral superior. Muchos fantasmas científicos trabajan conjuntamente en este ámbito, concentrando sus energías, para que las nuevas ideas se filtren hasta las mentes
humanas.

La dimensión astral superior es también un lugar de inspiración divina; está libre de las necesidades y conflictos
terrenales. Los espíritus que se encuentran en estas dimensiones se unen al amor para expandir sus horizontes mentales y espirituales. Es un estado donde mentes excelentes
conciben creaciones artísticas increíbles. Todo lo que hace
cantar al corazón se encuentra allí.

Una cosa más: los espíritus que se encuentran en las dimensiones superiores pueden visitar las dimensiones inferiores, pero quienes están en las inferiores no pueden pasar a
las dimensiones superiores hasta que sus almas estén prepa-
radas para hacerlo. Los espíritus altamente evolucionados
son muy conscientes de lo que sucede en los niveles físicos, y

a menudo visitan a su familia y a sus amigos en la tierra para ayudarlos y protegerlos.

EL HOMBRE DEL PIANO

En una ocasión, hice una lectura para una joven llamada Pam, cuyo padre Gus había fallecido. Cuando apareció Gus, mencionó el nombre Otto.

Le pregunté a Pam, "¿Significa 'Otto' algo para ti?"

"No, no recuerdo haber escuchado este nombre".

Yo proseguí. "Veo un piano relacionado con Otto".

Pam no pudo recordar a nadie llamado Otto en la vida de su padre.

"Cuando vayas a casa, pregunta a tu madre si conoce a alguien llamado Otto".

El padre de Pam continuaba hablando del piano y de tomar lecciones.

"Yo recuerdo vagamente que quizás mi padre tomaba clases de piano. Creo que dijo que no era bueno para eso, así que las dejó".

Pam hizo una pausa. "Creo que hubo muchas cosas en la vida de mi padre que lamentó no haber hecho".

Gus me envió un pensamiento. "¿Hay alguna melodía en tu mente que no puedes dejar de tararear?"

Pam abrió los ojos sorprendida. "¡Sí! Es la cosa más ridícula. Durante las últimas tres semanas, cuando estoy en el auto, la misma melodía aparece en mi mente".

"Él está diciendo, *¡Soy yo! Solía cantársela cuando era un bebé*".

Varias semanas más tarde, recibí una carta de Pam. Había compartido la lectura con su madre. Su madre había oído hablar de Otto del padre de Pam. Otto era un profesor de piano judío que fue enviado a Auschwitz cuando los Nazis invadieron a Polonia. Gus formaba parte de una de las primeras tropas estadounidenses que liberaron a los judíos de los campos de concentración durante la Segunda Guerra Mundial, y fue allí donde conoció a Otto. Cuando Gus ayudó a Otto a salir del campo, Otto le dijo, "La música fue lo único que me mantuvo con vida".

Otto le dijo a Gus, "La música es el corazón del alma. Hace que los seres humanos recuerden de dónde vienen".

Pam escribió que todos los fragmentos del mensaje de su padre comenzaban a tener sentido. Sabía que su padre estaba con Otto y que Otto le estaba enseñando a tocar piano. La canción que ella tarareaba era una canción que su padre había compuesto después de regresar de la guerra.

GUÍAS PARA LA VIDA

Una vez que los fantasmas abandonan los niveles inferiores y viajan a los planos espirituales superiores, encuentran a una serie de espíritus de naturaleza superior. En general, estos espíritus se desempeñan como guías para nosotros aquí en la tierra, y pueden influenciar nuestros pensamientos y acciones de maneras positivas. Algunos guías están conectados con nosotros a lo largo de toda la evolución espiritual de nuestra alma; otros se sienten atraídos hacia nosotros por las lecciones que debemos aprender aquí. Todos los guías están evolucionando continuamente por sí mismos y, como parte de su crecimiento espiritual, quieren transmitir sus conocimientos y su comprensión a muchos de nosotros aquí en la tierra. La siguiente es una lista de distintos tipos de guías espirituales.

Guías de ayuda

Los guías de ayuda nos influencian y nos ayudan a sacar los talentos innatos que se encuentran contenidos en la configuración de nuestra alma. Habitualmente, estos guías tenían talentos similares cuando se encontraban en la tierra; su trabajo ahora consiste en ayudar a los vivos a utilizar al máximo sus talentos, y a obtener una mejor comprensión de ellos; estos talentos pueden ser para cualquier cosa, contabilidad, medicina, canto. En mis talleres, le sugiero a la gente que llamen a sus guías de ayuda cuando trabajan en un proyecto o sencillamente necesitan ayuda en su trabajo. En la mitología griega, un guía de ayuda se llama una "musa" —un guía que nos ayuda a realizar nuestros sueños.

Guías de relaciones

Los guías de relaciones trabajan con nuestra vibración energética única, que nos lleva a abrir nuestros corazones al amor, para poder compartir nuestras vidas con otra persona. Nos guían para atraer a personas con quienes estamos conectados a través del karma. Es posible que debamos aprender ciertas lecciones con determinadas personas o que haya fuertes lazos de amor que provienen de otras vidas pasadas. Por otra parte, tenemos muchas almas gemelas, no sólo una, y cada una de ellas es parte de nuestro grupo de almas. Un alma gemela trae obsequios en forma de lecciones de vida.

Los guías de relaciones siempre nos traen a la gente adecuada en el momento adecuado. No hay errores. Cada persona en nuestra vida está allí por una razón. Todas las personas que conocemos en la tierra es un posible maestro que podrá enseñarnos algo invaluable, aun cuando no lo pensemos así en ese momento, especialmente si esas lecciones son desagradables o incómodas. Los guías de relaciones también nos enseñan a valorarnos a nosotros mismos. Cuando nos sentimos dignos, podemos comprender la naturaleza del amor incondicional.

Guías de familia

Con mucha frecuencia, la gente se me acerca y me dice, "No elegí a mi familia". Ah, pero claro que la elegimos. Aun cuando esto pueda ser difícil de aceptar para algunos, elegimos a los miembros de nuestra familia antes de entrar a la existencia en la tierra. De hecho, nuestras familias han estado con nosotros durante muchas vidas pasadas. Es interesante saber que las almas viajan colectivamente en grupos. A menudo aguardan a estar todos juntos al otro lado, para que cuando decidan regresar a la tierra, lleguen aproximadamente al mismo tiempo. Nuestras familias son parte de nuestro grupo de almas y las experiencias que compartimos con nuestros familiares son probablemente las más difíciles de comprender y las más importantes de dominar.

Encuentro que hay muchos asuntos inconclusos entre las familias porque buena parte del trabajo que hago consiste en comunicar a miembros de familia. El lazo de amor entre un miembro de una familia y otro puede ser incluso más fuerte después de la muerte. Al morir muchas almas se dan cuenta que habrían podido colaborar más, ser más comprensivas o ayudar más a su familia. Sienten que habrían podido ser mejores padres, esposos o hijos. Es muy común que los miembros de una familia decidan reparar sus errores terrenales ayudando a sus familias desde el más allá, convirtiéndose en sus guías espirituales.

EL AMOR DE UNA MADRE

Muchos años atrás, cuando estaba afinando mis habilidades como médium, asistí a lo que llamo un "círculo de desarrollo", un grupo de gente de mentalidad similar, que se reúne para ponerse en contacto con espíritus. Durante una de estas reuniones uno de mis colegas dijo, "Tu madre está a tu lado".

Mi madre y yo teníamos una relación muy cercana cuando yo era joven. Ella comprendía mi talento, pero no sabía cómo explicarlo, especialmente a mi padre.

"Quiere que sepas que se siente muy culpable. Lamenta no haber estado allí para ti cuando eras joven. Siempre temía por ti. Quiere ser una verdadera madre para ti ahora".

Yo me sentí asombrado y maravillado a la vez al escuchar aquellas palabras. Era como sentir todo el amor de mi madre de nuevo. Desde aquel momento, siempre he sentido la presencia de mi madre a mi alrededor. Ha sido una guía para mí desde entonces, alentándome a amarme a mí mismo y cuidándome cuando necesito a alguien a quien contar mis sentimientos. Es excelente también en lo que se refiere a advertirme sobre ciertas situaciones y circunstancias que podrían causarme daño. Desde que ella está a mi lado he aprendido a apreciar más a la gente y a ser más compasivo.

MAESTRAS POR SIEMPRE

Los fantasmas que se convierten en guías son, ciertamente, especiales. Cuando los espíritus no consiguen cumplir sus deseos de ayudar a alguien en vida, o cuando sienten que su trabajo en la tierra fue interrumpido, tendrán la oportunidad de satisfacer sus deseos y ayudar a los vivos desde el otro lado. Esto fue lo que sucedió con dos espíritus en el siguiente ejemplo que demuestra cómo se puede cumplir con el propósito de la vida, no sólo en la tierra, sino también en el cielo.

Yo estaba haciendo un programa radial en Los Ángeles cuando una de las personas que llamó, llamada Willie, quiso saber sobre su hermana. Yo no estaba muy seguro de lo que estaba recibiendo así que le pregunté a Willie si la visión que veía tenía algún sentido para él.

"Estoy viendo el atardecer en una playa".

"Sí, comprendo eso", replicó Willie.

"¿El nombre de tu hermana es Mac, Mackie, algo así?"

"Maxine. La llamábamos Max".

"Ella está aquí. Es de estatura mediana y tiene el cabello castaño. ¿Tenía reflejos en el cabello?"

"Sí".

"Su muerte llegó muy repentinamente —fue una enorme sorpresa para ella. Dice que ni ella ni nadie se lo había esperado".

Pronto fui consciente de estar debajo de agua. "Siento que se está ahogando —no puede apoyarse en el suelo. ¿Entiendes esto?"

Willie comenzó a llorar. "Sí, lo entiendo".

"Ahora menciona a Amy. ¿Conoces a Amy?"

"Sí".

"Ella está con Amy ahora", dije.

"Ella partió con Amy. Murieron juntas".

"Sigo sintiendo esta sensación de que me arrastran debajo de agua".

Luego tuve unas visiones extrañas. "Veo cosas como árboles y muebles que vuelan por el aire y yo estoy aferrado a una puerta, o a algo que se asemeja a una puerta. Tu hermana pierde a Amy. Dice que no pudo sostenerse más. ¿Es esto correcto?" pregunté a Willie.

Willie apenas podía contenerse. Yo sabía que había establecido un vínculo entre él y su hermana Maxine y que esta era su oportunidad de reunirse.

Proseguí. "Siento que esta es una terrible tragedia que involucra a mucha gente".

"Sí, lo fue", replicó.

Entonces comprendí. "¿Fue el tsunami en el sudeste de Asia?"

"Sí", dijo Willie. "Max y Amy viajaron allí durante las vacaciones de Navidad".

"Maxine quiere que te diga que no sintió ningún dolor, aun cuando recuerda que los escombros la golpearon. Quiere que Peter sepa que está bien".

"Peter es su esposo", agregó Willie.

"Me dice que ella y Amy enseñaban juntas".

"Sí. Enseñaron juntas en un preescolar durante diez años".

"Bien, sabes", continué, "ellas eran maestras natas. No hay nada que les gustara más. Amy quiere que te diga que no tendrán mucho descanso donde están".

Luego Maxine dijo algo que consideré muy interesante.

"Tu hermana me dice que aún está enseñando a niños en el otro lado. Hay escuelas para diferentes temas. Dice incluso que está enseñando a niños que murieron a causa del tsunami. Dice que la raza no significa nada en el otro mundo. Es sólo una equivocación del mundo terrenal. Maxine encuentra que uno de los retos allí es conocer espíritus que aún conservan los prejuicios y la mentalidad de sus viejas vidas, en lugar de abrirse al mundo que hay ante ellos. Dice que la gente obtiene lo que crea. Maxine dice que ella y Amy avanzan porque están dedicadas a sus estudiantes".

"Sí, sé que ellas son así", respondió Willie. "De hecho, ambas ganaron premios del condado por su forma de enseñar". Willie hizo una pausa. "Además de enseñar, ¿qué más hacen allí?"

"Max dice que trabajan con niños que pasan al mundo de los espíritus y no tienen a una madre que los guíe. En cierto sentido, son madres sustitutas. Están ayudando a los niños que más necesitan su influencia, y trabajan junto con otros miembros de la familia. Son guías fuertes para el crecimiento y la evolución de los niños".

GUÍAS DE UN ORDEN SUPERIOR

La siguiente es una lista de guías espirituales altamente evolucionados, cuya tarea es proteger, inspirar y enseñar.

El guardián

La función principal de este guía es protegernos de cualquier energía invasora (como los fantasmas atados a la tierra) que pueda querer hacernos daño. Los guardianes se aseguran que únicamente las energías que están sincronizadas con el desarrollo de nuestra alma puedan entrar.

Guía de inspiración

Este guía imprime en nosotros enseñanzas y verdades espirituales, tales como la compasión, el perdón y la comprensión. Un guía de inspiración nos ayuda a ver una situación desde diferentes puntos de vista, para que podamos aprender tolerancia, bondad y compasión, elevando así nuestra naturaleza a una conciencia superior.

Guía de sanación

Como lo indica su nombre, este guía nos ayuda con energías de sanación, ayudándonos a promover la sanación y el bienestar en nuestros cuerpos emocionales, mentales y físicos. No necesitamos pedir la ayuda de este guía porque él sabe cuándo necesitamos ayuda.

Guías históricos

Por extraño que pueda parecer, hay muchos fantasmas que se ven atrapados en el carácter emocional de una época histórica en particular y desean permanecer en esta vibración. Por ahí puede que hayan oído hablar de campos de batalla embrujados, ¿no? Pues durante la Guerra Civil murieron más soldados que en toda la Guerra del Vietnam. Quienes murieron en combate durante la Guerra Civil se identificaban profundamente con aquella guerra y con los ideales de cada uno de los bandos. Hay una increíble carga emocional

asociada con esta época de la historia en particular y muchos
fantasmas aún espantan en la tierra donde lucharon y se aferran a las creencias por las que murieron.

Muchos fantasmas se pasean también por los pasillos de
la Casa Blanca y por las cámaras del Congreso. He encontrado bastantes fantasmas de congresistas estadounidenses
que lamentan haber tenido una oportunidad única de pro-
piciar un cambio positivo en el país y haberla desperdiciado.
Muchos se aferran a la tierra, llenos de culpa por su fracaso,
rondando el salón de la asamblea con la esperanza de influir
sobre sus contemporáneos.

En abril de 1996 tuve la oportunidad de visitar dos sitios
en Washington, D.C., que siempre había deseado conocer.
El primero era el Capitolio. El día en que entré a aquella
inmensa rotonda adornada sentí de inmediato su rica energía, impenetrable. Imágenes e impresiones del pasado invadieron mi mente. Mientras subía por el ascensor al segundo
piso pude sentir que la energía se tornaba densa y pesada.
Entré a la galería de la cámara del Senado y miré a mi alrededor al espacio vacío. El Senado no estaba sesionando
aquella mañana. Me senté y cerré los ojos. De pronto el olor
a tabaco rancio invadió mis sentidos y rápidamente me
asomé sobre la balaustrada. Vi una hilera tras otra de escri-
torios que ya no estaban vacíos, sino zumbando con los ruidos de hombres del pasado. Podía distinguir a un grupo que
se reunía por sus pesados trajes negros, la vestimenta típica
del siglo pasado. Otro grupo de hombres con trajes de fra-
nela gris estaba junto fumando y bromeando. Era espeluz-
nante. Dejé que los fantasmas de los senadores se las
arreglaran solos y me dirigí a mi segunda parada.

Estaba ansioso también por ver el Teatro Ford, donde fue asesinado el Presidente Lincoln. Desde que era niño he sentido una conexión especial con Abraham Lincoln. Recuerdo haber estado dibujando en la mesa del comedor cuando tenía cerca de ocho años y, al mirar el dibujo vi que era un soldado de la Guerra Civil de ojos azules con un bigote poblado y una gorra azul. Fue solo cuando tuve veinte años que vi aquel dibujo de nuevo. Había sacado algunas cosas del depósito y el dibujo cayó de un libro. Esta vez, cuando lo miré, quedé atónito. Parecía un retrato mío de hoy día, con bigote y todo. Lo único que faltaba era el uniforme azul de militar. Mientras contemplaba el dibujo, tuve el recuerdo súbito de haber conocido a Abraham Lincoln en persona durante su visita a uno de los campos de batalla de la Guerra Civil. Aquella visión ha permanecido conmigo desde entonces.

Después de aquella revelación, recuerdo una noche de domingo hace varios años. No conseguía conciliar el sueño; daba vueltas en la cama tratando de encontrar una posición cómoda. En ese momento, por el rabillo del ojo, vi una figura a los pies de mi cama. Reconocí una silueta como la de Abraham Lincoln. Se veía muy alto y miraba a través de mí. Advertí que otros fantasmas lo acompañaban a cada lado, pero no pude descubrir su identidad.

Le pregunté, *¿Es usted Lincoln?*

Me devolvió un pensamiento. *Esa es la personalidad con la que me conocen.*

La imagen del soldado de la Guerra Civil apareció en mi mente y supe que había estado con Lincoln en otra vida.

Lincoln me envió otro pensamiento. *Vengo con muchos otros. Somos la nueva orden y tenemos un mensaje para ti.*

Quería asegurarme que mi mente no estuviera hacién-
dome una broma, así que pregunté de nuevo, *¿Es usted real-*
mente Abraham Lincoln?

Sus pensamientos eran agudamente claros para mí. Somos
una nueva orden y estamos aquí para ayudarte en tu misión.

Esta afirmación me tomó por sorpresa. *¿Qué misión?*

Estamos trabajando contigo para abrir los corazones y las mentes de
todas las personas a quienes tocas y para llevar una nueva conciencia a
muchos.

Aún no podía creer que fuese Lincoln quien me hablaba.
Como me obsesionan los detalles, le envié otro pensamiento:
Necesito una prueba de que realmente es usted.

Tendrás la prueba. Sólo recuerda que vinimos aquí a decírtelo.

Mañana es lunes, dije. *Si escucho cualquier referencia a Abraham*
Lincoln, sabré que esta conversación fue real.

Tendrás tu prueba, pero recuerda nuestras palabras, dijo Lincoln y
su figura desapareció de mi vista.

Caí en un sueño profundo y lo próximo que escuché fue
el timbre de mi máquina de fax. Bajé a mi oficina y observé
mientras entraban las páginas. Era un mensaje de mi edi-
tora, Linda Tomchin. Habíamos estado trabajando en la última parte de mi libro *Heaven and Earth*. Me estaba enviando
su versión del último capítulo que consistía en preguntas y
respuestas. Era la primera vez que lo veía. Cuando leí una de
las preguntas, quedé estupefacto. "¿Por lo general son malas
las premoniciones?" La respuesta que ella escribió fue: "Las
premoniciones por lo general nos previenen de una crisis o
desastre inminente... Abraham Lincoln tuvo una premoni-
ción después de ser elegido, según la cual..." Dejé caer el
papel y tomé asiento. "Ay Dios mío", exclamé. ¿Es esta la
prueba que pedí?

Aquella misma tarde estaba hablando por teléfono con mi amigo Peter Redgrove; conversábamos sobre el fin de semana.

"¿Qué hiciste?" le pregunté.

"Fui a Palm Springs. Algo extraño sucedió. De repente, un amigo me compró un cuadro".

"¿De qué?" pregunté.

"Era un dibujo titulado Abraham Lincoln libera a los esclavos".

¡Lincoln de nuevo! Tenía que ser otra prueba. Aquella noche, sentado en la mesa del comedor revisando algunas cuentas, me incliné para alcanzar la chequera y accidentalmente hice caer la billetera al suelo. Mientras me inclinaba a recogerla, los ojos de Lincoln me miraron. Un billete de cinco dólares había caído de la billetera. *Está bien, ya entendí*, pensé, y agradecí a los poderes que me habían suministrado mi prueba.

Durante las siguientes semanas, no pasaba un día sin que escuchara alguna referencia a Lincoln. Eran detalles, pero sabía que las cosas insignificantes son a menudo signos del más allá. Encontré un penique en el escenario durante una de mis demostraciones. Mientras miraba libros en una librería, súbitamente cayó una biografía de Lincoln de una repisa. Al viajar a una cita para cenar con una amiga en Santa Mónica, tomé la salida equivocada, miré el cartel y leí: ¡Lincoln Boulevard!

La energía del mensaje de Lincoln ha permanecido conmigo. Todos los días le agradezco que sea mi guía. De hecho, llevo una imagen de él en mi billetera para que me recuerde mi misión especial y el poder de su presencia espiritual en mi vida.

Niños guías

Cuando veo espíritus de niños, sé que se encuentran en una misión muy especial. Muchos años atrás, antes de comenzar mis lecturas, tuve un trabajo temporal en el Hospital Midway en Los Ángeles como funcionario del departamento de personal. Me fascinó el trabajo porque mi jefe Margaret Morgan era una persona maravillosa. Con frecuencia bromeábamos para que el día pasara con más rapidez. Un día Margaret me pidió que llevara unos papeles a la estación de enfermeras del cuatro piso. Subí al ascensor y oprimí el botón del cuarto piso. Por alguna razón la puerta del ascensor se abrió en el tercer piso. No había nadie a la vista. Curioso por visitar un piso al que nunca había subido, salí del ascensor y caminé por el pasillo principal. A medio camino advertí que un grupo de niños que reía entraba a una de las habitaciones. *Qué extraño*, pensé, *que permitan a los niños pasear por los pasillos del hospital.* Me pregunté si sería el pabellón infantil. Seguí a los niños pasillo abajo, asomándome a cada habitación. Me di cuenta que no era en absoluto el pabellón infantil. Todos los ocupantes de las habitaciones eran pacientes ancianos en la última etapa de su vida. La mayor parte de ellos estaban conectados a tanques de oxígeno y otras máquinas para mantenerlos con vida.

Me detuve afuera de la habitación a la que habían entrado los niños y miré dentro. Una anciana luchaba por respirar y el ruido de su agonía llenaba la habitación. Los niños se inclinaron hacia ella con manos de luz dorada. Comprendí que estos niños eran guías espirituales dispuestos a ayudar a la anciana a salir del plano físico. Me volví y caminé de regreso hacia el ascensor. Me senté al final del pasillo y contemplé fijamente el suelo, intentando digerir los pensamientos que invadían mi mente. De repente escuché un sonido agudo. Las enfermeras, que parecían salir de la nada, corrieron hacia la habitación de la anciana. Yo sabía que había partido.

Los niños son, en efecto, los angelitos de Dios. Muchos son exaltados maestros espirituales que llevan energía de alegría y distracción a almas terrenales que han perdido su propia inocencia y verdad. Los niños guías nos ayudan a recordar la alegría de la vida, y mantienen abiertos nuestros corazones y nuestras mentes para poder recibir nuestras bendiciones.

Ángeles

Los ángeles son mensajeros espirituales e instrumentos de la guía, inspiración y protección divina. Algunos de estos seres divinos tienen funciones muy específicas y pueden ser parte de diversos reinos o de ámbitos específicos, tales como el ámbito del Consejo, compuesto de serafines, querubines y tronos. Los gobernadores celestiales conforman el segundo ámbito de las Dominaciones, la Virtudes y los Poderes, y el tercer ámbito está conformado por Principados, Ángeles y Arcángeles.

Aun cuando no veo ángeles con frecuencia, he apelado a los reinos angélicos cuando siento la necesidad de tener una ayuda adicional. Nunca me han fallado y me han enseñado valiosas lecciones de fe y de humildad.

Me encontraba en Nueva York en una gira publicitaria para una película de televisión que había producido, titulada *The Dead Will Tell*, cuyas protagonistas eran Eva Longoria y

Anne Heche. Por alguna razón, acepté ser uno de los invitados del programa radial de Howard Stern. Aun cuando me habían invitado anteriormente en varias ocasiones a este programa, siempre le rehuí. Sabía que Howard era un escéptico obstinado en lo que se refería a lo paranormal y no deseaba soportar que me ridiculizara. Irónicamente, sentía cierta afinidad con Howard. Él se había rebelado contra el establecimiento y había permanecido fiel a sí mismo y yo aplaudo a quienquiera que motiva a otros a cuestionar la norma y soporta la desaprobación pública por ello. Howard ciertamente hizo las cosas a su manera, y continúa haciéndolas.

Me desperté a las cinco de la mañana, algo aprehensivo y vacilando si debía asistir al programa. Era una buena hora para meditar. Pedí a mis guías protección divina. De inmediato, apareció un ser bellísimo de cabellos rubios y ojos azules. Llevaba una túnica blanca y una capa púrpura, con una espada dorada atada al pecho. Supe en aquel instante que me encontraba en la presencia del Arcángel San Miguel. Con un golpe rápido hacia abajo de la espada escuché las palabras *Estás protegido*. Abrí los ojos y sonreí. Mis temores se habían disipado y salí hacia los estudios.

En cuanto llegué, pude ver a Howard al lado de la máquina de café. Parecía gigantesco, como si midiera más de dos metros. Me dirigí hacia él y me presenté. De inmediato advertí que Howard Stern es una persona sensata y realista, y que toda su bravuconada es solamente parte de su personalidad pública.

Cuando nos sentamos en el estudio, Howard me miró y dijo, "Sabes, no creo que puedas hablar con los muertos".

Escuché las palabras salir de mi boca antes de poder detenerlas. "En realidad, no me importa lo que usted crea".

Howard sonrió. En aquel momento, supe que nos llevaríamos bien y la entrevista se desarrolló sin los habituales comentarios incómodos de Howard y sin su falta de respeto. Al final, Howard me preguntó si su prometida podía conocerme. "Le fascina este tipo de cosas".

Así que nunca sabemos cómo hacen su trabajo los ángeles. Nuestra parte consiste en entregarnos a ellos y permitir que lo hagan. La ayuda siempre está disponible, pero debemos tener la fe y el valor necesario para dejarla entrar.

Acaban de dar una mirada a las muchas dimensiones que se entretejen y que exceden nuestro ambiente físico, y a los seres que habitan en estas dimensiones. Como lo he dicho muchas veces ante muchos públicos, sólo porque no vemos estas dimensiones, no significa que no existan. Todo hace parte de la única fuente de energía del espíritu, cualquiera que sea la velocidad de la vibración o la forma que asuma. Todo es energía.

SEIS

Todo es energía

¿Alguna vez has tenido la sensación de que alguien cuidaba de ti, pero no podías ver quién era? ¿Alguna vez has sentido que un escalofrío te recorre la espalda? ¿Alguna vez has escuchado pasos cuando no había nadie en casa? O ¿alguna vez has conocido a alguien por primera vez y de inmediato esta persona te ha agradado o desagradado? Esta sensación, este sentimiento, ¿es real? ¿Qué son exactamente estas manifestaciones? La respuesta es muy sencilla: energía.

Para simplificar, la energía es una fuerza o una relación entre dos objetos. Tiene una serie de definiciones diferentes. Algunos se refieren a la energía como la fuerza vital de todo pensamiento y materia. Otros conciben la energía como un elemento magnetizado que mantiene unidas todas las cosas en nuestro universo. Cuando se me pide que describa la energía, respondo que la energía es una combinación de partículas de moléculas y electrones que se comportan según ciertos patrones. Todo está hecho de estas partículas; por lo tanto, todo está hecho de energía. El aspecto más importante que debemos recordar sobre la energía es que, dependiendo de la dimensión, estas partículas se mueven a diferentes velocidades. Por ejemplo, las partículas materiales que constituyen las sillas, las casas, los árboles y nuestro propio cuerpo físico, todas se mueven a una velocidad muy lenta porque vibran en un mundo tridimensional. Los fantasmas se mueven a una velocidad mayor porque se encuentran en una cuarta dimensión.

Basta decir que la energía se refiere a muchas cosas que conforman nuestro mundo de trabajo. Hay distintos tipos de energía, tales como eléctrica, mecánica, química y térmica. El tipo de energía al que nos referimos en este capítulo es la energía cinética o espiritual.

EL SER DE LUZ

Tuve una experiencia muy profunda de energía espiritual hace varios años. Estaba en mi oficina, compadeciéndome de mí mismo. La mayoría de nosotros hemos estado en este tipo de estado de ánimo alguna vez en la vida, especialmente quienes somos muy sensibles a la condición humana. La sensación inquietante de los problemas globales, mezclada con la ignorancia y la mentalidad estrecha de quienes detentan el poder me roía por dentro. Estaba revisando mi vida, preguntándome si estaba haciendo lo suficiente para ayudar a cambiar la mente y las actitudes de la gente. Me preguntaba si podía asomarme a las partes oscuras del planeta. ¿Qué decía aquello sobre mí?

De pronto, advertí por el rabillo del ojo, una luz en el suelo de la habitación. Inicialmente pensé que era un rayo de sol, pero al asomarme a la ventana vi sólo nubes. Luego sentí una sensación increíble de calor detrás de mí y me di vuelta. Me maravilló lo que vi. Era un ser de algún tipo —su forma no era la de un cuerpo humano. No parecía ser hombre ni mujer; parecía ser neutral en esencia. No tenía atributos particulares como amor o temor; era sencillamente una energía continua. Súbitamente, me sentí impulsado a ir al espejo y darme una buena mirada. Podía escuchar palabras que decían, en efecto, *Siente tu energía, mira quién eres realmente, no dejes que tu mente terrenal distorsione la verdad.* Miré en el espejo y vi una luz verde brillante que salía del centro de mi pecho Era como si la luz hubiera sido sobrepuesta sobre mí. El verde era tan vibrante, tan de otro mundo y tan indescriptiblemente bello que se me llenaron los ojos de lágrimas. En aquel momento, me hice consciente de mi propia compasión y pensé de inmediato, *No necesito esconder mi luz debajo de un seto, sólo porque hay una crueldad tan abrumadora en el mundo.*

Fue una experiencia profunda que me recordó una vez más mi legado espiritual y mi misión en la vida. Recordé la primera lectura que hice y el efecto que tuvo sobre otro ser humano. Pensé sobre mi decisión de renunciar a un empleo bien remunerado, con seguros y beneficios, y dar el salto de la fe hacia lo desconocido, para convertirme en el transmisor del mundo de los espíritus. Siempre había sentido una energía de amor del espíritu y esto había cambiado mi vida. Sabía que esta energía podía cambiar la vida de cualquier otra persona también.

Aquel día en particular, presencié la energía espiritual de una manera completamente diferente de aquella a la que estaba acostumbrado, pero sabía que seguía siendo aquel inmenso amor que podía sanar al mundo. Desde entonces, he compartido la "luz verde" en la mayor parte de mis meditaciones de sanación, y muchas personas me han dicho, personalmente o por correo electrónico, que fue esta meditación de sanación con la luz verde lo que les dio la conciencia y la comprensión necesarias para enfrentar problemas difíciles y que, en última instancia, ocasionó un cambio profundo en su vida.

SENTIR LA ENERGÍA

Hay una manera muy sencilla, rápida y segura de experimentar cómo se siente la propia energía. Para comenzar, sacude ambos brazos lejos del cuerpo. Esto ayuda a soltarse y relajarse. Sostén las manos al frente del cuerpo, separadas cerca de sesenta centímetros, con las palmas una al frente de la otra. Cierra los ojos y hazte completa y totalmente consciente tan solo del espacio que hay entre las palmas de las manos. Después de algunos segundos, comienza a acercar lentamente las palmas de las manos. Presta atención a lo que ocurre en el espacio entre las dos manos. A medida que las manos se acercan lentamente, comenzarás a sentir una sensación de cosquilleo o una fuerza magnética que emana de las palmas. Esta sensación puede recordarte la atracción de dos imanes que se sostienen el uno al frente del otro. Mientras las manos se acercan aún más, sentirás una sensación de cosquilleo cada vez más fuerte. Esta es la sensación de la energía. Familiarízate con ella para que puedas reconocer esta sensación. Juega con esta energía invisible como si jugaras con un balón. Acerca las palmas y sepáralas como si tocaras un acordeón. Para este momento, sabes que esta energía, esta fuerza, es extremadamente sutil y sensible. Para percibir la energía, es preciso hacerse consciente de la "levedad" de esta fuerza.

Para otro de los ejercicios de energía que suelo enseñar, se requieren dos personas. Haz que tu pareja se ubique cerca de un metro de distancia, con la espalda hacia ti. Pídele que cierre los ojos, se relaje, se sintonice con su cuerpo y advierta cómo se siente. Párate detrás de tu pareja y extiende las manos, con las palmas hacia su espalda. Muy lentamente, haz el movimiento de empujar, moviendo tus manos hacia delante y hacia atrás en dirección a la espalda de tu pareja. Ten paciencia y continúa haciendo este movimiento. A los pocos minutos, notarás que su cuerpo comienza a mecerse hacia adelante y hacia atrás, de acuerdo con el movimiento de tus manos. Estás manipulando la energía que rodea a tu pareja (conocida como el aura) con la energía de tus manos.

No necesitas las manos para enviar energía. Puedes enviar energía también con tus pensamientos, a través de tus oraciones e intenciones. La energía del pensamiento se llama telepatía. ¿Con cuánta frecuencia has pensado en alguien y cinco minutos más tarde recibes una llamada de esa persona? Estás usando energía telepática para conectarte con ella. Muy a menudo, cuando la gente está enferma, enviamos oraciones y buenos pensamientos. Al hacerlo, le enviamos energía positiva. La energía del pensamiento es la manera más rápida de ponernos en contacto con los seres vivos y con los muertos.

Otro ejercicio que utilizo en mis talleres se relaciona con sentir la energía de otra persona —o, como dice la expresión, "sintonizarse con la frecuencia de otra persona." Les pido a los estudiantes que entren en un estado de meditación para que puedan sentirse más neutrales respecto a su entorno. Luego les pido que se concentren en una persona, visualizando primero su cara como si se encontrara justo delante de ellos. Luego, en su imaginación, deben actuar como si estuvieran con esa persona, discutiendo algo en gran detalle. Al final de su conversación deben pedir a la persona que los llame. Después del ejercicio, les digo a los estudiantes que aguarden veinticuatro horas a que la persona se ponga en contacto con ellos. Cuando la persona llama, deben preguntarle por qué ha llamado. Es tan interesante ver si su discusión durante la meditación es el tema del que hablan.

Al segundo día de un taller de fin de semana, dos de mis estudiantes me dijeron durante el receso del almuerzo que aquella misma mañana habían recibido un mensaje en sus teléfonos celulares de la gente sobre la cual habían estado meditando. Lo ven, realmente funciona.

Este es un ejercicio que ha cambiado el punto de vista de muchas personas sobre la energía espiritual y ha demostrado indudablemente que es algo real. Dependiendo de la habilidad de cada cual de sentir y controlar la energía es posible comenzar a sintonizarse con prácticamente cualquier cosa.

SINTONIZARSE CON LA ENERGÍA DE UN FANTASMA

A lo largo de los muchos años en los que he hecho giras por países del mundo entero, mis ojos psíquicos han percibido energías tanto buenas como malas. Cuando veo que una cara fantasmal ha proyectado su sombra sobre una cara humana, y que el ser humano no tiene idea de lo que sucede, habiendo permitido que la energía fantasmal ingresara a su espacio, con frecuencia deseo sacudir a esa persona para que despierte. No siento temor cuando veo a estos espíritus oscuros, sin evolucionar, pero cuando aparecen de la nada y me sorprenden, me siento como el anfitrión de una fiesta de Noche de Brujas. Esto me lleva al siguiente incidente.

Recientemente, me encontraba en una gira de talleres en Australia. Siempre disfruto mis viajes porque tengo la oportunidad de observar la diversidad de la gente alrededor del mundo. Siempre encuentro que, aun cuando la gente luce diferente y habla distintos idiomas, todos somos en realidad bastante similares. Una de mis tardes libres me dirigía a la sección de Oxford en Sydney para comprar algo nuevo para la demostración de aquella noche. Mis amigos Ann y Peter me acompañaron y paseamos por aquella zona, disfrutando de los paisajes y de la variedad de tiendas. Entramos a una tienda para hombres donde encontré un par de pantalones azules fantástico. Pero había un problema. Si quería usarlos aquella noche tendría que coser el dobladillo. El dueño de la tienda me indicó la dirección de un sastre cercano y partimos hacia allí. Mientras caminábamos calle abajo advertí una tienda de zapatos y exclamé de repente, "¡Aquí están!" Estas eran un par de sandalias perfectas que Peter había estado buscando para llevarlas al final de la gira al Great Barrier Reef. Aquella diminuta tienda de zapatos debía tener a lo sumo setenta metros cuadrados y estaba atiborrada de gente. Peter se probó las sandalias y le quedaron perfectas. Mientras aguardaba para pagar, Ann y yo curioseamos por ahí.

De repente comencé a sentirme extremadamente incómodo y claustrofóbico, como si las paredes se cerraran sobre mí. Busqué a Ann con la mirada, pero estaba al otro lado de la tienda y había varias personas entre los dos. La sensación se intensificó; sentía que me ahogaba y necesitaba que Ann me lanzara un salvavidas. No sabía qué estaba sucediendo, pero me encontraba en una grave aflicción. Miré a Peter para decirle que aguardaría afuera. Justo en ese momento, el hombre que estaba delante de él terminó su transacción y, con su bolsa de zapatos en la mano, se dio vuelta para salir. Nuestros ojos se encontraron y estuve a punto de gritar. Mirándome, casi mirando a través de mí, estaba la cara de un esqueleto superpuesta a la cara de este hombre. Sentí náuseas y supe que debía salir inmediatamente de la tienda. Tomé a Ann por el brazo camino a la calle y le dije lo que acababa de ver. Señalaba al hombre que había salido de la tienda y ahora se encontraba en la mitad de la calle. "¡Está poseído!" le dije.

Finalmente Peter salió de la tienda mientras yo sentía todavía el impacto de la visión. Nos dijo, "Algo extraño sucede en esa tienda. Creo que es una pantalla para el tráfico de drogas".

"¿Verdad?" repliqué.

"Sí, pude sentir una muchísima mala energía".

Entonces le conté lo que había visto y cómo me había sentido.

"Yo también sentí eso," confirmó Peter.

Cuando pensamos en ello más tarde, Peter, Ann y yo advertimos que la tienda de zapatos no era tan maravillosa como tampoco lo eran sus precios. Quizás Peter estaba en lo cierto. Quizás había algo más que zapatos en el depósito de atrás.

Mientras continuamos caminando por la calle, sugerí que

hiciéramos un determinado ejercicio para eliminar lo que
hubiéramos podido tomar de aquella tienda. Peter y Ann estaban felices de deshacerse de cualquier cosa ominosa que
hubiera podido prenderse a ellos. Hice que imaginaran que
tenían imanes atados a las plantas de los pies. Los imanes
podían sacar cualquier energía pesada y oscura de sus cuerpos a través de los pies y enviarla directamente a la tierra.
Dentro de la tierra, esta energía oscura sería absorbida y
neutralizada. Después de este sencillo ejercicio todos nos
sentimos un poco más ligeros y enormemente aliviados.

EL SISTEMA DE ENERGÍA DEL CUERPO

Para este momento, comienzas a tener una idea de lo que es
la energía y de cómo podemos sentirla. Quiero también que
seas consciente del sistema de energía que funciona dentro
del cuerpo mismo. Esta energía es muy similar a la tarjeta
madre o al disco duro de una computadora. El sistema de
energía de nuestro cuerpo está compuesto por la energía que
fluye hacia arriba y hacia abajo por la columna vertebral
hacia diferentes centros del cuerpo. Cada uno de estos centros es un generador para distintas partes del cuerpo.
Cuando hay una interrupción en el flujo de esta energía debido a un trauma emocional, mental o físico, la energía a
menudo disminuye o se atasca. La falta de esta fuerza vital
puede posteriormente convertirse en una anormalidad, tal
como dolor, incomodidad o enfermedad. Es importante fa-
miliarizarse con el sistema de generación de energía del
cuerpo, conocido como los siete *chakras* principales o centros
psíquicos. Cada *chakra* gira como una vibrante bola de luz de
colores y corresponde a diversas partes de nosotros mismos.

1. En la base de la columna está el primero, el *chakra* de la raíz. Por ser la energía más cercana a la tierra, es rojo como el centro de la tierra. Este *chakra* está relacionado con nuestro instinto de supervivencia y con nuestras necesidades físicas básicas. Cuando nos concentramos en el chakra de la raíz, podemos halar la energía de la tierra hacia arriba a través de este centro, para darnos fuerza y vitalidad.

2. El siguiente nivel es el chakra sacral, ubicado dos pulgadas debajo del ombligo alrededor de nuestra pelvis. Esta zona es nuestro centro intuitivo. Puesto que está asociado con nuestros sentimientos y emociones básicas, es una fuente de percepción aguda, o "sentimiento claro." Está asociado con el color naranja. Físicamente, este centro corresponde a nuestros órganos sexuales, la vesícula y la vejiga, y puede ser un depósito emocional para el dolor.

3. El tercer *chakra* se encuentra cerca de dos pulgadas encima del ombligo, en el plexo solar. Allí nuestras emociones son más refinadas. Este *chakra* está relacionado con la voluntad y con un sentido de la personalidad. Al nivel físico, este *chakra* se asocia con el estómago y la digestión. Es también el depósito emocional para la ira y la represión. Este *chakra* de color amarillo se conecta con el cordón de plata que nos ata a nuestros cuerpos. Cuando dormimos y soñamos, o cuando realizamos viajes astrales, lo hacemos en nuestros cuerpos etéreos, y seguimos conectados con nuestros cuerpos físicos a través de este cordón de plata. Cuando morimos, este cordón se

rompe, nuestro cuerpo físico muere y nuestros cuerpos espirituales son libres de avanzar hacia otras dimensiones.

4. La energía superior comienza en el *chakra* del corazón. Este centro vibra con el color verde. Ubicado en el centro del pecho, se asocia con el corazón, el timo y la circulación sanguínea. Este es el centro del amor, la compasión, la confianza, dar, recibir y cuidar. Cuando el *chakra* del corazón está bloqueado, la persona puede sentir una falta de amor por sí misma y por los demás.

5. El *chakra* de la garganta vibra con el color azul y está ubicado en la zona del cuello. A través de este *chakra*, junto con el plexo solar y los *chakras* de la vesícula, un médium puede escuchar las voces de los fantasmas, y los fantasmas pueden hablar a través de canales con sus voces reales. Físicamente, este es el centro de nuestra expresión creativa, la voz, la garganta, la boca, la tiroides y el hipotálamo. Los problemas emocionales que se adhieren a esta zona por lo general corresponden al sentimiento de ser impotentes para expresar nuestro verdadero ser.

6. El *chakra* del tercer ojo está ubicado en el centro de la frente y vibra con el color índigo o azul oscuro. Concentrarse en el *chakra* del tercer ojo durante la meditación ayuda a desarrollar la conciencia espiritual. Este centro, que se usa para ver auras y espíritus, corresponde a nuestras orejas y a las glándulas pineal y pituitaria, ubicadas en el cerebro. El "tercer ojo" es la entrada a los ámbitos espirituales.

7. El último, el *chakra* de la corona, vibra en la parte superior de la cabeza y por encima de ella. Esta es la sede de la conciencia espiritual, la iluminación, el misticismo y la protección. Cuando meditamos sobre este *chakra*, debemos concentrarnos en el color violeta. Físicamente, corresponde a nuestra columna vertebral, el sistema nervioso central, y la corteza cerebral. Cuando se trabaja con espíritus, es buena idea traer la luz a través del *chakra* de la corona dentro de nuestros cuerpos hasta el *chakra* de la raíz con el fin de protegernos de energías no deseadas.

ESCANEAR EL CUERPO

En 1989 me disponía a comenzar una lectura para un cliente llamada Judy, cuando advertí que estaba incontrolablemente nerviosa. Antes de poder continuar, tuve que tranquilizarla, así que la guié por una meditación. Luego, mientras registraba la fuerza vital de Judy, detecté intuitivamente un bloqueo. Vi una sustancia color marrón viscosa que se adhería a su útero. Parecía ser lo que yo llamo un "nudo" emocional. Supe de inmediato que Judy tenía un problema emocional no resuelto y que éste desequilibraba su cuerpo. Si no se lo trataba, este nudo podría convertirse en un tipo de cáncer.

Pregunté a Judy, "¿Alguna vez has tenido dolor o incomodidad en esta zona?"

"Sí... ocasionalmente, pero no estoy segura qué es".

Luego le pregunté si alguna vez había perdido un bebé y se sentía responsable por la pérdida.

Judy inclinó la cabeza y susurró, "Sí, era un niño, y murió a las tres semanas". Los médicos le habían dicho que el bebé había muerto del Síndrome de Muerte Súbita (SMS, por sus siglas en inglés).

Le expliqué a Judy, "El alma de tu niño está perfectamente bien. Era parte de la evolución de esta alma pasar por esta experiencia en particular. Debes ver esta experiencia de otra manera. Fue una oportunidad para que el alma de tu hijo creciera. Tú hacías parte de su experiencia de aprendizaje espiritual y no debes sentirte culpable. La culpa sólo causará problemas en tu cuerpo".

Judy parecía comprender.

Mientras continuaba explicándole las relaciones entre las almas y su crecimiento, advertí que la masa marrón de energía corrosiva que estaba en el cuerpo de Judy comenzaba a deshacerse y a disiparse. Podía ver la fuerza vital fluyendo a través de aquella zona, como debía hacerlo. Al final de nuestra reunión, Judy lucía más joven.

Me dijo, "Me siento tan llena de energía. Hace tiempo no me sentía así".

Sonreí y le deseé suerte en su camino.

LA CASA QUE SANA

Todos hemos tenido la experiencia de estar acompañados de gente positiva y llena de amor. Nos sentimos bien sólo por estar en su compañía. Cuando los otros son alegres, nosotros también nos sentimos felices. Una persona con pensamientos de amor y de luz atrae a otras personas amorosas de mentalidad parecida. Resulta difícil vivir siempre de esta manera porque nuestro mundo físico está lleno de retos y obstáculos por superar. Sin embargo, el amor es nuestro estado natural de existencia y es la fuerza más grande que existe. Puede superar cualquier oscuridad, desequilibrio o falta de armonía. En cuanto más nos esforzamos por tener pensamientos positivos, más placentera será nuestra travesía en la vida.

A lo largo del tiempo, he sido bendecido al encontrar algunos sanadores espirituales increíbles, maestros espirituales y otras personas que me han revelado sus experiencias verdaderamente heroicas. Siempre me siento honrado cuando comparten sus historias conmigo.

Quisiera describir dos casos en particular que demuestran como una energía llena de amor y positiva tuvo como consecuencia la manifestación de algunos seres altamente evolucionados.

Lilia Begette era un ama de casa canadiense, y una de las personas más dulces y amorosas que he conocido. Parecía como un cruce entre la doctora Ruth y Yoda, de un metro de altura, con un corazón tan grande como su casa. Cuando era joven solía leer las hojas del té para sus amigas y era extrañamente acertada en sus visiones. Años más tarde, cuando murió su esposo, Lilia se sintió llamada a hacer algo más grande con su vida, algo que habría de tener un profundo impacto sobre otras personas. Se mudó a Fort Lauderdale y compró una casa en los suburbios donde comenzó a enseñar metafísica. Durante una de sus clases, la vida de Lilia cambió para siempre. Un guía espiritual se le apareció y le dijo que preparara su casa como un centro de sanación. Lilia compartió este mensaje con sus estudiantes y amigos, y pronto comenzó a renovar su casa. Derribó algunas paredes para agrandar las habitaciones y convertirlas en enormes espacios de sanación. Una de las habitaciones estaba completamente decorada de color rosa, desde las paredes hasta las doce camas, cubiertas de sábanas y cobertores color rosa.

Lilia reservó esta habitación rosada para aquellas personas que parecían tener problemas emocionales. La energía de aquella habitación rosada era la de un amor completo e incondicional. Otra de las habitaciones estaba decorada de verde. Esta habitación tenía también doce camas y todo en ella era verde, un símbolo de la energía de sanación. Lilia sentía que la vibración de un determinado color atraía la energía asociada con él, y estaba completamente en lo cierto.

Cuando tuve la fortuna de conocer a Lilia a través de mi amiga Pat, ya tenía ochenta y un años de juventud. Podía sentir su energía amorosa y una capacidad psíquica muy poderosa. Hablamos por un rato acerca de nuestras experiencias únicas con el trabajo espiritual y sobre nuestras filosofías de la vida y de la muerte. Lilia me explicó cómo la habían guiado a crear su maravilloso centro de sanación.

"No puedo explicar qué es lo que sucede exactamente en estas habitaciones", dijo. "Yo sólo acompaño a la gente a su cama, rezo una oración y dejo que los de arriba se ocupen del resto. Quiero que ustedes dos experimenten esta energía por sí mismos".

Lilia nos llevó a Pat y a mí al segundo piso, a la habitación verde. Dos personas más, una joven y un hombre mayor, ya estaban en sus camas. Lilia nos dijo que nos acostáramos y nos pusiéramos cómodos, mientras ella veía cómo estaban las otras personas. Yo me quité los zapatos y me acosté; estaba preparado para dormir una siesta. Pat también se acostó y aguardó a Lilia. Mientras permanecía allí acostado, advertí que rezaba sobre la joven. Luego me di vuelta y vi una larga fila de fantasmas vestidos de médicos, aguardando en el centro de la habitación. No podía creer que estaba viendo equipos enteros de médicos y enfermeras fantasmas. Cuando Lilia terminó sus oraciones y pasó a la cama del anciano, el equipo médico de fantasmas comenzó a trabajar con la joven, administrándole energía de sanación. Era una visión increíble; hubiera deseado que todos pudieran verla.

Cuando Lilia se acercó a mi cama, supe que había llegado mi turno. Murmuró varias oraciones, pero la única que reconocí fue el Padre Nuestro. Luego me arropó con cariño y se dirigió a la cama de Pat. Yo cerré los ojos. No estaba seguro si deseaba ver al equipo médico o no. Unos momentos más tarde, sentí un brillo cálido a mi alrededor y abrí los ojos. La cara fantasmal de un médico vestido de blanco me devolvió la mirada. Tres fantasmas más, una enfermera y dos médicos, vestidos también con batas blancas, lo acompañaban. El médico fantasma tenía las manos alrededor de mi nuca y parecía estar ajustándola. De inmediato sentí un cambio en mi cuerpo físico. Cerré los ojos para poder absorber todo aquello. Podía sentir que el equipo de fantasmas me tocaba la espalda y el abdomen y que mi cuerpo se movía hacia arriba y hacia abajo, como si estuviesen haciendo algún tipo de ajuste. Miré a Pat, y su cuerpo estaba haciendo lo mismo. En un momento dado, Pat se incorporó y luego se acostó otra vez. Mientras el equipo trabajaba en mí, sentí una paz, levedad y equilibrio increíbles en todo mi cuerpo. Sentí que cuando hubieran terminado lo sabría, así que cerré los ojos y descansé para permitir que continuaran con su trabajo. Veinte minutos después, Pat y yo nos miramos y supimos que habían terminado. La energía de la habitación se había disipado y era hora de marcharnos.

Bajamos al salón y hablamos largamente con Lilia. Lilia nos dijo, "Rezo para crear la energía en la habitación para que pueda darse la sanación. Mi intención es invitar a los sanadores a que usen el espacio que he creado".

Miré a Lilia y le dije, "Funciona".

PARA SALVAR A SUS HIJOS

Tuve una experiencia similar, recientemente, durante un retiro de sanación en el Monte Shasta en California. Dos padres, Raúl y Jorge, habían viajado desde Colombia para asistir a este evento. Tenían muchas cosas en común. Eran cuñados que vivían en la misma ciudad y ambos habían tenido un hijo que había muerto trágicamente. Sentían que esta era quizás su mejor oportunidad para ver si al menos uno de sus hijos se comunicaba con ellos. Cuando se inició la parte de los mensajes en el seminario, mis guías espirituales me llevaron rápidamente al lado de Raúl. Vi a su hijo a su lado con gran claridad. La mitad de su cabeza había sido volada. Los fantasmas me muestran con frecuencia sus experiencias de muerte y cuando veo heridas de bala o carne quemada, las visiones pueden ser muy perturbadoras.

Pregunté a Raúl, "¿Le dispararon a tu hijo en un auto?"

Raúl respondió de inmediato, "Sí".

Su hijo me estaba diciendo, *Mi padre necesita que lo ayuden*. Al ver al hijo lleno de sangre, yo habría pensado lo contrario.

Mientras continuaba, apareció también el hijo de Jorge. A diferencia del otro muchacho, no me mostró su forma de morir. Vi más bien un cuerpo cubierto de tatuajes que lo hacía lucir bastante amenazador.

Pregunté a Jorge, "¿Tu hijo era un pandillero?"

Jorge replicó, "Sí".

El hijo de Jorge masticaba su goma de mascar, con una

actitud insolente. No parecía tener ningún remordimiento. Pude ver que aún se aferraba a su mentalidad de pandillero. Parece que había sido asesinado por uno de los miembros de otra pandilla, así que le pregunté si esto era así.

Su respuesta fue, *Sí, ¡sabía que me llegaría el momento!*

Jorge reconoció el mensaje. Inclinó la cabeza y murmuró algo para sí mismo, algo que fue ininteligible para mí.

El otro fantasma con la cabeza sangrienta me miró y dijo, *Por favor ayuda a mi padre. Se siente tan culpable.*

Le pregunté a Raúl, "¿Te sientes responsable por la muerte de tu hijo?"

"Sí".

Le expliqué a Raúl, "No tuviste nada que ver con su muerte".

No era posible convencerlo. No quería aceptar que lo liberaran de su culpa.

De pronto aparecieron tres médicos espirituales. Parecía un equipo de cirugía. Uno de los médicos, de cabellos blancos y ojos de un azul profundo, levantó la mano como si me dijera que detuviera la parte de mensajes de la lectura para poder ayudarlo. Me comunicaron que debía atraer la atención de todos mientras ellos se concentraban en Raúl. Le expliqué a los asistentes que un equipo de médicos espirituales había venido a ayudar a Raúl y luego dejé de hablar para que pudieran hacer su trabajo. Los espíritus se dirigieron a la zona del intestino de Raúl. Yo podía ver la tensión que había allí. De hecho todo su estómago estaba salpicado de manchas negras y marrones.

Para comprobar su hallazgo, el médico de cabellos blancos me pidió que le preguntara a Raúl si había tenido problemas recientemente con la digestión.

Raúl asintió. "Sí, he tenido dolores en el estómago".

El equipo espiritual procedió entonces a operar a Raúl. Yo podía ver en su cuerpo etéreo que su segundo y tercer *chakra* se habían podrido por la culpa que sentía por la muerte de su hijo.

Todos permanecieron en silencio mientras el equipo de médicos retiraba la basura emocional del estómago de Raúl. Yo los observaba maravillado. Terminaron en cinco minutos. Advertí que el hijo de Raúl también había cambiado. En lugar de una cabeza ensangrentada vi a un joven alto, de ojos color café, que se encontraba completamente en paz. Fue una visión conmovedora. Esta experiencia me demostró también lo que puede sucederle a nuestros cuerpos energéticos si no resolvemos nuestras perturbaciones emocionales.

Al final del evento firmé algunos libros y los dos padres colombianos se acercaron a la mesa. Advertí que los dos muchachos se encontraban al lado de sus padres. Había desaparecido la sangre y la cabeza volada. El hijo de Raúl llevaba una camisa blanca brillante y tenía la sonrisa correspondiente. Todo el amor que emanaba de él me mostró que estaba muy orgulloso de su padre. El hijo de Jorge, el que antes estaba cubierto de tatuajes, me enseñó sus brazos. A medida que su cuerpo espiritual se transformaba ante mis propios ojos, sus tatuajes desaparecieron, su peso aumentó y recuperó sus cabellos. Tenía también una sonrisa en la cara y un brillo en los ojos. Su actitud anterior de pandillero había desaparecido también. Me señaló y rió, como si todos fuésemos parte de alguna broma cósmica.

En aquel momento Jorge dijo, "Gracias, James. Ya no pienso en mi hijo como si estuviera muerto".

CUANDO LOS FANTASMAS
DRENAN NUESTRA ENERGÍA

Así como hay sanadores de energía es lógico que también haya personas que nos quitan energía. Los chupadores de energía están en todas partes y no me refiero únicamente a los fantasmas. ¿Hay alguien en tu vida que esté constantemente deprimido, enojado con el mundo, celoso, siempre malhumorado, pesimista, vacilante, hambriento de poder, desconfiado o que sea manipulador? Me refiero a estas personas que son como "vampiros psíquicos" porque inconscientemente drenan nuestra fuerza vital con sus actitudes negativas constantes. La mayor parte de ellas no son conscientes siquiera de que su energía se extiende más allá de ellas y hace daño a otros. Pueden dejarnos agotados, deprimidos y debilitados.

Los vampiros psíquicos habitualmente son personas egoístas que se sienten llenos de importancia. Sus malas actitudes en realidad disminuyen su ritmo vibratorio y atraen la energía de fantasmas poco evolucionados. Los fantasmas pueden absorber energía de aparatos eléctricos, tales como televisores, radios, hornos microondas, luces y teléfonos, sacando energía de los campos electromagnéticos que rodean a estos objetos. Desafortunadamente, estos electrodomésticos no tienen una carga suficiente, así que los fantasmas deben buscar energía en otro lugar. La mayor cantidad de energía posible proviene de los seres vivos. ¡Ese sería usted! El cuerpo humano tiene el tipo exacto de circuitos eléctricos con los que están familiarizados los fantasmas y, por lo tanto, es fácil para ellos conectarse con nuestra energía y absorberla. Lo hacen a través de huecos y filtraciones que aparecen en el sistema de *chakras* de una persona cuando ha sido debilitado y vaciado por pensamientos, sentimientos y comportamientos negativos.

Cuando las energías de los fantasmas se conectan a los humanos, pueden ser aterradoras, como lo vi en la tienda de zapatos en Sydney. *The Ghost Whisperer* ni siquiera se aproxima a describir algunas de las fuerzas oscuras que he visto. Se escandalizarían al saber que muchas personas que se comportan de maneras horribles están siendo afectadas o incluso poseídas por entidades oscuras que no han evolucionado. Los fantasmas que se conectan a los seres humanos sencillamente absorben energía. Cualquier forma de mala salud crónica puede ser un indicio de que hay un fantasma conectado a la persona. Desafortunadamente, quienes sufren de estas ataduras a los fantasmas no relacionan ninguna de estas enfermedades con su mentalidad negativa. Sin embargo, los fantasmas pueden drenarnos de energía hasta el punto de hacer que los seres vivos sufran accidentes, lesiones y otros infortunios.

¡ASÍ ES EL MUNDO DEL ESPECTÁCULO!

Como saben, he trabajado durante largos años en la televisión como conductor y productor. He conocido a algunas personalidades de Hollywood, ejecutivos y miembros de los equipos de producción increíblemente agradables, ligeros, maravillosos y llenos de amor. Al mismo tiempo, es imposible para un psíquico como yo aguardar en estudios, oficinas de agentes y suites de ejecutivos de televisión y no presenciar muchas escenas perturbadoras que involucran a los más famosos de Hollywood. Muchos de ellos han llegado a la cima

con energías malvadas y malévolas. No les importa cómo
llegaron a esta posición ni qué tienen que hacer para permanecer en ella. Tienen poca integridad y poco respeto por las
otras personas. Sus vidas giran en torno a su ambición de
poder y a la gratificación de su ego. Es posible que obtengan
el poder —pero con frecuencia a un precio muy alto.

Cuando era niño me fascinaba la comedia musical *Damn
Yankees*, sobre un jugador de béisbol de las grandes ligas
quien hace un trato con el diablo para que su equipo, los
"Washington Senators," gane el campeonato. Es el antiguo
concepto de Mefistófeles de vender el alma al diablo a cambio de algo que se desea enormemente. No estoy seguro qué
me agradaba más, si la música o la idea, pero esta presentación realmente captó mi interés. Hollywood me recuerda
mucho a *Damn Yankees*. Tantas personas venderían su alma,
su identidad y su moral para obtener poder, sin ser conscientes de que han encendido un fuego que, con el tiempo, ar-
derá sin control. La necesidad de poder es creada por el
miedo. El miedo puede ser una gran motivación, pero también puede ser una de las fuerzas más destructivas que conocemos.

Cuando tengo que ir a algún lugar de Hollywood donde
hay una gran cantidad de gente reunida, bien sea un programa para otorgar premios, una cena o un estudio de televisión, utilizo una serie de ejercicios de meditación y de
visualización antes de salir de casa. He encontrado que este
ritual me protege de todos lo fantasmas que rondan por ahí,
de entidades elementales inferiores o de formas de pensamiento extraviadas que puedan estar buscando un lugar
con el cual conectarse. Como lo he dicho repetidamente en
todos mis libros, las cosas semejantes se atraen, y si usted es

una buena persona, nada de una naturaleza inferior debería preocuparlo. No obstante, cuando se camina entre las personalidades inseguras de Hollywood, nunca se puede tener suficiente protección. El ritual de protección demora cerca de cinco minutos y aquel día en particular me alegré tanto de haberlo hecho porque lo que me disponía a experimentar era realmente espantoso.

En uno de los estudios más importantes había un productor completamente inescrupuloso que trabajaba en un programa de televisión. Tenía la costumbre de mentirle a todos para obtener lo que quisiera utilizando siempre la excusa, "Es lo mejor para el programa". Sin embargo lo único que quería en realidad era lo mejor para él. Si eso significaba despedir a alguien o hacer que otra persona cargara con la culpa, esto no le importaba. Había muchas personas en el estudio que habrían dado su sangre, sudor y lágrimas para hacer que funcionara el programa, y este productor era el tipo de persona que se quedaba con todo el mérito. Estoy seguro de que muchos de ustedes han trabajado alguna vez para alguien como él: un jefe cuya realidad se basa en el egoísmo y la manipulación.

Aquel día en particular, me encontraba en mi oficina revisando algunas notas de producción. Tenía una pregunta para uno de los miembros del personal, entonces salí de mi oficina y me dirigí por el pasillo hacia el otro extremo del piso. A mitad del camino, me detuve en seco porque un olor abrumadoramente horrible me había llamado la atención de inmediato. Olía a azufre o a huevos podridos.

"Oye, James, ¿cómo va el trabajo?" Me di vuelta y vi a este mismo productor arrogante detrás de mí. Me hice a un lado rápidamente para dejarlo pasar. Sólo sentir su energía me erizaba la piel. Para mí, la imagen que se aproximaba más a describir su energía era la del personaje Pig Pen de las tiras cómicas de Charles Schultz. Pig Pen es aquel con una enorme bola de mugre a su alrededor. No podía creer lo que veía. Sombras oscuras, sucias y criaturas con forma de serpiente salían de la parte de arriba de la cabeza de aquel productor. Era como ver a una Medusa en la vida real. Al mirar su espalda, vi diversas formas y tamaños de lo que parecían ser cuchillos o espadas. Parecía un puercoespín. Lo que me vino de inmediato a la mente sobre las espadas es que podrían ser formas de pensamiento negativas enviadas por personas a quienes él había perjudicado en el pasado. Estas energías negativas estaban realmente viviendo en su espalda. No veía el minuto de salir de allí, así que regresé de inmediato a mi oficina para escribir lo que había visto.

Era evidente que este productor no tenía idea acerca de las formas de pensamiento negativas que llevaba en su espalda. Estas energías negativas probablemente no tendrían un efecto físico completo sobre él durante varios años, pero es imposible saberlo. Entre más se comportara malvadamente y entre más celos e insensibilidad mostrara hacia los demás, más vida y poder acumularían probablemente estas adherencias. Una mentalidad negativa puede exponer a una persona a algo mucho peor: a la posesión.

LA POSESIÓN

¿Quién puede olvidar la película *El exorcista* en la que Linda Blair es la protagonista? Después de verla, no pude dormir durante semanas con la luz apagada. Irónicamente, había leído el libro de William Peter Blatty cuando estaba en el seminario estudiando para ser sacerdote. Interesante, ¿verdad? En todo caso, en la película la joven Regan (representada por Linda Blair) está poseída por un demonio. Toda su personalidad cambia y resulta irreconocible, incluso para su propia madre (representada por Ellen Burstyn). Desde luego, esta película fue hecha puramente como entretenimiento, así que las partes de terror eran un poco exageradas y mucho más dramáticas comparadas con una posesión real. Sin embargo, aun cuando es posible que la posesión no incluya vomitar sopa de arvejas, las energías de los fantasmas pueden ciertamente entrar en la esfera de una persona e influenciarla de una manera muy negativa. De hecho, la mayor parte de las posesiones son tan sutiles que en ocasiones resulta difícil creer que una persona se comporta de una manera diferente de la normal —probablemente porque lo "normal" para esa persona, al igual que para el productor de televisión al que me referí, es negativo de cualquier manera.

Quienes abusan del alcohol y de las drogas, la gente que utiliza sustancias continuamente, son blancos perfectos para las energías de fantasmas que no han evolucionado. Los fantasmas se apoderan de estas personas únicamente para experimentar de nuevo las satisfacciones físicas y las emociones que dejaron atrás. Todos hemos escuchado la expresión "no es él mismo cuando bebe." Tiene más significado del que creemos. Un alcohólico que ha sido influenciado por un fantasma no es él mismo. Un fantasma se ha apoderado de su energía y está en el lugar del conductor.

La posesión ocurre con más frecuencia de lo que creemos. Creo que los asesinos, violadores y abusadores entran tam-

bién en esta categoría. He visto a muchas personas tan ira-
cundas que se encuentran completamente bajo la influencia
de uno o dos fantasmas.

Cuando O. J. Simpson fue juzgado por asesinato, tuve la
clara sensación de que estaba influenciado o poseído por una
entidad de nivel inferior. Así, cuando afirmó que él no estaba allí, no estaba allí en un nivel consciente. Otra parte de
él, la parte poseída, asumió el control. Quizás la entidad
entró a su campo de energía y se apoderó de él después de
que Simpson se emborrachó y se quedó dormido en el sofá.
He notado que todavía está rodeado de fantasmas no evolucionados y que todavía lucha contra estos demonios. Puedo
predecir que su vida tendrá un fin violento.

La posesión no excusa las acciones de nadie porque una
persona tiene que encontrarse en un estado de bajeza antes
de que pueda ser poseída. La mayor parte de nosotros no
tenemos nada de qué preocuparnos porque somos personas
buenas, llenas de amor y tenemos un sistema natural de de-
fensas, compuesto por pensamientos y acciones de amor.
Pero ¿los otros...?

Todos hemos estado en lugares que nos parecen pertur-
badores, inseguros o amenazadores. Quizás fue un barrio de
mala muerte, un bar excesivamente lleno, un hospital o incluso una prisión. Salimos de estos lugares sintiéndonos mal
y habitualmente no sabemos por qué. Lo mismo sucede con
la gente. La mayoría de nosotros hemos estado alrededor de
personas negativas que tienden a abatirnos y nos alejamos
de ellas sintiéndonos deprimidos o irritados. Es posible que
no sepamos por qué algunas personas o lugares nos causan
reacciones transitorias físicas, emocionales o mentales, pero
sin embargo las sentimos. Es porque hemos nacido con un

sentido innato (nuestro sexto sentido) de la energía que nos rodea.

Cada día estamos bombardeados de energía. Una tremenda cantidad de esta energía consiste en restos de pensamientos mentales que ha tenido la gente. Estos pensamientos atraen a una multitud de fantasmas hacia nosotros o los apartan. Por ejemplo, digamos que alguien tiene un problema de drogas permanente o ha estado deprimido durante muchos años. Esta energía atrae fantasmas de bajo nivel que se alimentan de energía pesada, deprimente, negativa. Si pueden, se adherirán a una persona de este tipo y absorberán toda esta energía negativa, construyendo cada vez más energía de esta clase.

Es por eso que hay ciertos lugares y zonas en nuestras ciudades habitadas por cientos de estos fantasmas de nivel inferior. Podría decirse que estos lugares son poderosos epicentros de energía negativa. Estos fantasmas pueden tener diferentes grados de influencia sobre los vivos, desde un drenaje mínimo de energía hasta una posesión total, extremadamente poco común.

Algunos de los signos claros de que fantasmas de nivel inferior puedan estar rondando, incluyen:

- Escuchar voces

- Intensos y súbitos deseos de alcohol, cigarrillos y drogas, especialmente después de haber pasado por una cirugía o un evento traumático

- Aumento de peso repentino, especialmente después de haber pasado por una cirugía o un evento traumático

- Miedos y fobias

- Cambios súbitos de comportamiento, tales como un aumento de furia, depresión o pensamientos de suicidio

- Graves enfermedades de causa desconocida

- Pérdida de energía

- Problemas de memoria y concentración

- Problemas físicos sin explicación —tales como un dolor de causa indeterminada

- Migrañas y dolores de cabeza

- Terrores nocturnos y pesadillas

- Ataques de pánico o de ansiedad

- Personalidades múltiples

La mayor parte de nosotros estamos a salvo de adherencias de parte de fantasmas negativos pero, como podemos verlo, debemos ser conscientes de su existencia, pues cualquier persona puede quedar bajo su influencia ocasionalmente. ¿Quiénes son vulnerables a estas adherencias? En primer lugar, aquellas personas que no cuidan de su salud. En segundo lugar, quienes son adictos a las drogas o al alcohol. Finalmente, quienes tienen una mentalidad de control sobre otras personas y sienten rabia hacia los demás, como los pandilleros. Estas personas están predispuestas a influencias negativas.

Nuestra aura es nuestra defensa natural contra estas intrusiones. Al mantener fuerte el aura nos aseguramos que espíritus de baja frecuencia no puedan adherirse a nosotros. Yo registro mi cuerpo diariamente para asegurarme que mi propia energía es fuerte. Con frecuencia imagino una luz verde que sale del corazón al frente de mí y a mi alrededor. Esta luz verde representa la sanación y el amor. Mentalmente formulo mi intención: *Estoy en un estado de salud perfecto y lleno de amor.* Esta es la forma más sencilla de garantizar que no haya adherencias negativas en mi espacio.

Así, la próxima vez que camines hasta el trabajo, detente, vuélvete y mira a tu alrededor. Sé consciente de tu entorno. ¿Sientes una ráfaga helada que te golpea la mejilla? ¿Escuchas algo que no está ahí? Hazte consciente de la energía que te rodea. Puede tener un efecto sobre tu cuerpo, tu mente y tu perspectiva general de la vida.

Comienza a hacer cambios importantes en tu vida ahora. Ten mucho más cuidado con tus pensamientos, tanto con aquellos que envías a otros, como con los que verbalizas. Preocúpate más por quiénes son tus amigos y a dónde sales, dónde trabajas, el tipo de trabajo que haces e incluso dónde vives.

Recuerda que hay muchísimas energías, vivas y muertas, de las que es preciso ser consciente porque no todas actúan para tu bien. La próxima vez que tengas una sensación perturbadora en relación con una persona o con un lugar, presta atención, rodéate de luz y aléjate pronto de esa persona o lugar. Depende de ti el protegerte de energías indeseables.

No todos los fantasmas son negativos. Algunos fantasmas están más que dispuestos a ser influencias benéficas en nuestra vida. La manera de atraer a estos espíritus es con nuestra propia buena energía.

SIETE

Cómo se comunican
los fantasmas

Se necesita mucha energía para que un fantasma pueda manifestar algo a nivel físico. Allí es donde intervenimos nosotros. En cuanto más dispuestos estemos a abrirnos a la
existencia de los fantasmas y a educarnos sobre su capacidad
de comunicarse, más fantasmas se nos revelarán. Los fantasmas tratan de comunicarse con nosotros de diversas maneras, incluyendo cambios de temperatura, ruidos, aromas
familiares identificables, tales como perfume o tabaco, y
cambios de intensidad en la luz eléctrica, radios, televisores,
teléfonos, etc. Manipulan la materia y la energía moviendo
cosas, transmitiéndonos información a través de personas o
de animales y apartándonos de los caminos recorridos. Los
fantasmas utilizarán cualquier cosa para llamar nuestra

atención. Constantemente me sorprendo cuando la gente comparte sus propias experiencias personales de encuentros con fantasmas porque casi siempre es algo nuevo para mí. Los fantasmas son muy creativos y, dado que no están limitados por la naturaleza física, su ingenio es infinito.

Evelyn, una mujer que asistió a uno de mis talleres, me dijo alguna vez que después de la muerte de su padre advertía en todas las ocasiones que visitaba a su madre que la casa en la que sus padres habían vivido durante treinta años olía todavía a tabaco por todos los años que su padre había fumado.

"Le dije a mi madre que mandara lavar las cortinas y las alfombras para eliminar el olor a cigarrillo. Lo hizo. Incluso regaló toda la ropa de mi padre y botó todos los ceniceros. Sin embargo, cada vez que la visitaba, estaba el diciente olor del tabaco".

"¿Fumaba mucho tu padre?" pregunté.

"Fumaba desde que tenía nueve años. Nunca lo vi sin un cigarrillo colgando de su boca. Había quemaduras y manchas por todas partes —en la alfombra, en los muebles— y debía tener un hueco en todas las camisas que usó solo por las cenizas que caían. El único momento en que dejó de fumar fue cuando el médico le dijo que tenía cáncer del pulmón".

"Entonces, ¿crees que el olor a cigarrillo era tu padre?"

"Pues, inicialmente, no. Sólo creía que el humo lo había impregnado todo. Pero después de que se lavaron las alfombras y las cortinas y el olor seguía allí, supe que tenía que ser él".

"¿Todavía se encuentra allí?"

"No, el aroma desapareció aproximadamente un año después de su muerte. Creo que sólo quería estar ahí para ver que mi madre estuviera bien".

ENVÍANOS UN SIGNO

¿Por qué quieren comunicarse con nosotros los fantasmas? Ellos son iguales a nosotros y sus razones varían, pero parece que los motivos más comunes por los cuales un fantasma desea comunicarse es el de ayudar a aliviar el dolor de su familia. Poco después de que una persona pasa al otro lado, siente el dolor y el sufrimiento de los miembros de su familia que están en duelo. Lo que más desea el fantasma es hacer saber a su familia que no está muerto sino muy vivo y por eso permanece muy cerca de ellos. La mayor parte de las familias se encuentran tan profundamente afectadas o tan involucradas en los rituales funerarios que no se dan cuenta que su ser querido está allí con ellos, gritando para que lo escuchen. Es como si alguien llamara por teléfono y, en lugar de responder, sólo dejamos que suene interminablemente. Los fantasmas sienten una gran frustración cuando no pueden comunicarse con sus seres queridos.

Al igual que la mayoría de los niños que pierden a uno de sus padres, mi hermana Lynn y yo nos vimos profundamente afectados, pero sabíamos, desde luego, que nuestro padre estaba cerca de nosotros. Yo lo había visto varias veces en la funeraria y había recibido muchos mensajes tranquilizadores. Lynn, sin embargo, no lo había hecho. Había llegado el momento de poner en venta la casa de mi padre y entramos con Lynn para despedirnos por última vez de nuestros recuerdos de infancia. Recorrimos toda la casa, cada una de las habitaciones y en cada una recordamos un momento determinado. Reímos y lloramos mientras nuestros recuerdos danzaban ante nosotros.

Cuando entramos a la habitación de nuestros padres, Lynn y yo olimos de inmediato el aroma distintivo y familiar de la loción de afeitar Old Spice. Era la predilecta de nuestro padre; ambos nos abrazamos con fuerza y gritamos, "¿Hueles eso?" No era posible equivocarnos al reconocer aquel fuerte aroma. Aun cuando yo no vi su figura fantasmal en aquel momento en particular, supe que intentaba tranquilizarnos y decirnos que estaba allí. Media hora después supimos que había llegado el momento de dejar descansar nuestros viejos recuerdos y nos fuimos de la casa.

Cuando subimos al auto Lynn me dijo, "Jamie, espero que estemos haciendo lo correcto". Luego miró al cielo y pidió, "Papá, por favor sólo envíanos un signo de que estás de acuerdo en que vendamos tu casa".

Aun cuando yo soy el médium, Lynn tiene grandes habilidades psíquicas y su intuición es muy poderosa. Tiene mucho talento en decir algo y, cualquier cosa que sea, hacer que ocurra. Mientras nos alejábamos de la casa, Lynn insistió, "Apuesto que nos enviará un signo para que sepamos que está de acuerdo con vender la casa". Diez minutos más tarde, mientras girábamos a la izquierda hacia Northern Boulevard en Queens, Lynn obtuvo el signo que había pedido. Exclamó emocionada, "Ay Dios mío, ¡Ahí está! ¡Es papá!" Lynn señaló un auto delante de nosotros. La placa decía "AVP–770K." El primer nombre de mi padre era Allan. Allan Van Praagh. Sus iniciales eran AVP, las mismas de la placa del auto.

Los signos no son siempre como los esperamos, como habrán visto con la placa. Depende de la manera que tenga el fantasma de comunicar su mensaje. En muchas ocasiones, los signos enviados por los fantasmas son sutiles, pero reconocibles. A menudo parecen más bien coincidencias. Abandonar el pensamiento racional y sintonizarnos con nuestras mentes intuitivas resulta más difícil si no hacemos de ello una práctica constante. Sin embargo, cuanto más nos conectemos con nuestro lado intuitivo, reconoceremos con mayor frecuencia el contacto de nuestros seres queridos con nosotros.

EL EXTRA

Deben recordar que los fantasmas tienen la misma mentalidad que tenían en la tierra. Si eran obstinados acá, todavía lo son allá. No se darán por vencidos hasta que los escuchen.

Durante la segunda temporada de *The Ghost Whisperer*, me encontraba en el estudio observando la filmación. Participo principalmente para ayudar a responder cualquier pregunta que pueda tener Jennifer Love Hewitt, la protagonista del programa, sobre la forma como debería reaccionar su personaje en determinada situación que involucra fantasmas. La escena de aquel día se desarrollaba en la plaza del pueblo, y había muchos extras en el estudio. Mientras miraba a la muchedumbre, algo me llamó la atención: una mujer rubia, que actuaba como extra, de treinta y cinco años aproximadamente, cruzó la calle, y noté que una mujer mayor de pelo rubio y sucio, que llevaba un saco azul, imitaba todo lo que hacía la más joven. La mujer mayor era un fantasma. Me divirtió la forma como la mujer mayor trataba de captar la atención de la más joven. El fantasma la golpeaba en el hombro, soplaba en su oreja, revolvía sus cabellos, pero ninguna de estas cosas funcionaba. La joven, al igual que la mayoría de nosotros, ignoraba lo que sucedía porque no podía verlo con sus propios ojos. En un momento dado el fantasma le gritó a la cara, pero no sirvió de nada. Yo podía sentir que el fantasma tenía algo que comunicar y se sentía horriblemente frustrado. Observé cómo se repetía esta escena media docena de veces, sabiendo que la extra no tenía idea de lo que estaba sucediendo.

Al final, el director asistente exclamó, "Corten", y hubo un receso para el almuerzo. Todos los extras se dirigieron al camión donde se repartía la comida. En aquel momento, me sentí obligado a ayudar a la extra rubia, así que me dirigí a su mesa y me presenté.

Me miró y quedó prácticamente sin habla. "Soy una gran admiradora suya", me dijo. "Es un honor tan grande para mí el solo hecho de trabajar en este programa. Sabe, es tan extraño que usted se me haya acercado. Debe significar algo, ¿no cree?"

"Puede ser", repliqué. "¿Podemos ir a allí y sentarnos debajo del árbol?" pregunté mientras señalaba una esquina desocupada del set.

Sorprendida por mi sugerencia, respondió de inmediato, "Desde luego".

Cuando nos instalamos en una banca, se presentó, "Soy Donna".

El fantasma que había estado allí antes apareció justo delante de mí. Hizo alguna clase de gestos con la mano. *Dile que no es su culpa.*

Le dije a Donna lo que había presenciado durante la última hora y ella comenzó a llorar. Parecía bastante afectada por mi descripción y no estaba seguro de haber hecho lo correcto al transmitirle el mensaje del fantasma. Sin embargo, sé que a mí no me corresponde juzgarlo. Mi trabajo es comunicar el mensaje, así que proseguí.

"Me dice que no fue tu culpa. ¿Entiendes?"

Donna continuó sollozando y el fantasma comenzó a acariciarle los hombros. Donna me miró con los ojos llenos de lágrimas y comenzó lentamente a explicar lo que significaba el mensaje.

"Mi madre, Sheila, había estado entrando y saliendo del hospital durante un año, pues tenía cáncer en los huesos. Era terminal y ella sufría muchísimo".

Sentí gran empatía por ella.

"Hacia el final, cayó en coma y yo la visitaba todos los días. Era tan difícil ver cómo la abandonaba lentamente la vida. Sabía que tenía dolores porque para entonces ya le administraban morfina".

Donna explicó que quería que su madre muriera con alguna dignidad. "Una noche, entré a su habitación y le susurré en el oído. Está bien que vayas a casa ahora. Yo estaré bien. Quiero que estés en paz".

Donna les dijo a los médicos que le quitaran el respirador a su madre y, dos horas más tarde, Sheila murió.

"Desde entonces, he vivido con remordimientos y culpabilidad. ¿Y si no había hecho lo correcto? ¿Quién soy yo para decirles que la desconectaran? Mi hermano Jack todavía me acusa de asesinar a mi madre".

Sheila comenzó a hablarme a través de mis pensamientos. Le dije a Donna lo que su madre quería que supiera. "Me dice que hiciste lo mejor para ella. Fue un acto de amor. No puede agradecerte lo suficiente. Tu motivación fue pura", le dije a Donna. "Querías ayudarla, no hacerle daño".

Donna se secó las lágrimas.

"Tu madre dice que ha estado tratando de ponerse en contacto contigo durante todo el año. ¿Tienes una lámpara en la mesa de noche a la izquierda?"

"Sí", respondió.

"Tu madre se ha esforzado mucho por manipular la electricidad, haciendo que el bombillo se encienda y se apague todo el tiempo".

"Pensé que había un corto en la lámpara, así que la desconecté".

"Tu madre dice que incluso movía cosas alrededor de la habitación, libros, por ejemplo. ¿Han estado desapareciendo cosas? Dice que movió un retrato suyo que tenías en la mesa de noche".

Donna abrió los ojos, sorprendida. "¡Fue ella! No sabía qué había pasado con el retrato y temí que lo hubiera dejado caer a la basura sin querer. Me preguntaba por qué sucedían tantas cosas extrañas".

"Ahora me está contando acerca de la lavandería".

"Ay cielos, encontré el retrato en una de las repisas de la lavandería y me preguntaba cómo demonios había podido llegar allí".

"Me dice también que pierdes las llaves todo el tiempo".

"Sí, así es James. Esto es extraordinario. Incluso le hice una broma a mi madre para que me las regresara".

"Pues bien, Sheila me dice que las cambia de sitio todo el tiempo".

"¿Por qué hace eso?" preguntó Donna.

"Trata de que hagas las cosas más despacio y de atraer tu atención. Te mantienes muy ocupada y te preocupas demasiado. Quiere que pases más tiempo divirtiéndote".

Donna estuvo de acuerdo y rompió a reír.

"Tu madre está aquí porque no puede avanzar sin tu ayuda. Tienes que deshacerte de toda la culpa que sientes. No hiciste nada mal", dije.

Luego Sheila me contó acerca de un libro.

"Hay un libro al lado de tu cama con letras doradas", le dije a Donna. "Hoy se cayó de la mesa".

"Sí... ¡así fue!" Donna comenzó a llorar de nuevo. Sacudía la cabeza de un lado a otro, murmurando, "No puedo creerlo".

La tranquilicé, le dije que todo estaba bien y la abracé.

Donna me miró a los ojos. "James, el nombre del libro al que se refiere es *Letting Go*. Mi madre estaba leyendo ese libro en el hospital. Ahora que lo pienso, el libro se ha caído de la mesa al menos dos veces, especialmente cuando pasaba por momentos difíciles. Pensé que mi madre estaba enojada conmigo. Estoy tan feliz de saber que no lo está".

Sheila siguió hablando de otros miembros de la familia. Pudo ver el alivio en la actitud de Donna. Finalmente se había liberado de sus sentimientos de culpa.

Nadie en el programa supo nunca de qué habíamos hablado Donna, su madre y yo, ni del bello mensaje de amor y perdón que habíamos compartido.

Digo a menudo que no hay accidentes. Yo estaba destinado a estar en el set aquel día. Tenía que ayudar a Donna. El mundo espiritual a menudo me envía lo que llamo "signos de validación", de que estamos en el lugar indicado, en el momento indicado, haciendo lo que debemos hacer. Mi signo de validación llegó aquel mismo día cuando advertí que el episodio que estábamos filmando era sobre una familia que debía tomar la decisión de desconectar a un

joven que se encontraba en coma. ¿Una coincidencia? No
lo creo.

TE VERÉ EN MIS SUEÑOS

Sin duda, la forma más sencilla de escuchar a un ser querido
es a través de nuestros sueños. A menudo pregunto a la gente
en mis demostraciones, "¿Cuántos de ustedes han soñado
con un ser querido que ha muerto?" El noventa por ciento de
la gente levanta la mano. Algunos recuerdan sus sueños
mejor que otros. Recordar los sueños también es sólo un
asunto de práctica.

Las visitas en sueños son bastante comunes. En el estado
de sueño, nuestras mentes ya no son conscientes y racionales;
la mente intuitiva, subconsciente, entra en control. Por lo
tanto, el mecanismo de defensa que nos prohíbe aceptar el
mundo invisible está dormido, y no tenemos restricciones;
somos libres de abrirnos a otras dimensiones. Muchas personas describen las visitas que reciben en sueños como muy
reales; tienen la sensación de que ocurren en un escenario
tangible y de que la conversación es auténtica. Estas visitas
han sido descritas también como advertencias: un fantasma
revela una información profética sobre un peligro inminente. En muchas ocasiones, los sueños son simbólicos y debemos examinar el significado del sueño tan detalladamente
como sea posible para poder determinar su importancia.

Mi tía Anne McLane era la segunda de ocho hijos. La familia era muy unida. Gradualmente, uno a uno, los hermanos de la tía Anne murieron. No es de sorprender que hable
con los muertos, le digo en broma a mi audiencia. Cuando
era niño, solía asistir a un funeral tras otro. Se llamaba "la

maldición irlandesa", pues la familia de mi madre era de Irlanda. Pero los funerales eran también la ocasión de hacer reuniones familiares, algo que siempre consideré extraño.

Anne era la única hermana que quedaba y vivía sola en una casa de estilo artesanal en Mount Morris, Nueva York, un pequeño pueblo deprimido que había conocido mejores días. Mi tía era una dama especial; creía en Dios y en la Iglesia Católica como nadie que yo haya conocido. Anne era independiente y única. Ciertamente hacía las cosas a su manera, y sentía una curiosidad natural por el mundo y por la gente. Era dulce y encantadora; siempre tenía algo amable que decir y hacía sentir cómodos a los demás al hacerlos sentir especiales de alguna manera.

Desafortunadamente, en sus últimos años sufrió mucho a causa de la artritis y se le dificultaba trasladarse de un lado a otro. No obstante, decía, "Jamie, si Dios me dio esta cruz para cargar, entonces es lo que debo hacer. Hay muchísima gente que está en peores circunstancias".

Nunca discutí realmente en detalle mi trabajo con ella porque la tía era una verdadera católica y hablar con los muertos no coincidía con su sistema de creencias. Yo la respetaba y no deseaba alterar sus creencias. Sólo después de que murió su marido Freddie, con quien había estado casada durante cincuenta y dos años, mencionamos alguna vez el tema. Parecía bastante curiosa sobre lo que sucede cuando vamos al cielo.

Varios años atrás llamé a mi tía Anne, de noventa y tres años, y hablamos un rato. Fue la última conversación telefónica que tuve con ella. Me dijo lo que había soñado la noche anterior.

"Yo era una joven sentada en el pórtico de la casa donde

todos crecimos. Todos mis hermanos caminaban por la acera y algunos se encontraban lejos, a la distancia. De pronto levanté la mirada y vi que mi madre me extendía la mano. 'Vamos, Anne', dijo, 'tú siempre estás rezagada'".

Mi tía no comprendió lo que significaba el sueño, pero yo sabía que su madre había venido a buscarla. Unos pocos meses después Anne murió serenamente mientras dormía.

UN CRUCERO A TAHITÍ

Me siento tan afortunado de poder hacer el trabajo que hago. Ayudo a que la gente libere su mente y a que se deshaga del miedo a la muerte. No hay mayor recompensa personal para mí que realmente hacer una diferencia positiva en la vida de alguien.

Durante muchos años he dado clases alrededor del mundo, pero he encontrado que una de las mejores maneras de enseñar y de ver el mundo (y de desempacar solo una vez) es viajar en un crucero. A comienzos de la década de 1990, me hice amigo de Ron Oyer, quien estaba intentando ampliar su negocio de turismo. Tuvo la idea de que yo hiciera un crucero espiritual y así comenzó "El viaje de la iluminación". Desde nuestra primera travesía hemos hecho al menos doce cruceros y ahora otros conferencistas y compañías se benefician del increíble profesionalismo de Ron. El se ha convertido en la persona a quien todos recurren para este tipo de aventuras.

Una de nuestras aventuras nos llevó a la tierra encantada de Tahití, ubicada en la Polinesia francesa. Le digo a la gente todo el tiempo que Tahití es lo más cercano al cielo que puedo imaginar. Los colores turquesas, los nativos hospitalarios y la energía mágica de la isla hacen de ella un lugar perfecto para los retiros espirituales.

Durante nuestro desayuno de orientación, discutí con el grupo sobre el proceso de hablar con fantasmas. Les expliqué que, para tener los mejores resultados posibles, era preciso que abandonaran todas las expectativas que hubieran traído consigo.

Las expectativas con frecuencia bloquean cualquier oportunidad de comunicación. Asemejo las expectativas a una manguera de jardín que ha sido torcida una y otra vez. El agua no puede pasar porque el flujo ha sido detenido. Permanecer abierto mientras se espera que algo suceda puede ser una tarea titánica. Todos quieren una gratificación inmediata, especialmente si están pagando por ella. Yo les recuerdo, sin embargo, que los fantasmas se manifiestan de maneras sutiles. Es posible que se comuniquen a través de mí, o que el mensaje venga de otra de las personas que se encuentran en el salón. Los fantasmas pueden incluso manifestarse a través de una persona que no tenga ninguna relación con el taller mismo.

Esto fue lo que le sucedió a Joyce Randall. Joyce se había inscrito en nuestro viaje a Tahití después de la devastadora muerte de su hija Marie. Marie era un joven estudiante de medicina llena de vida. Como me lo dijo Joyce, "Marie siempre quiso ser médico desde que era una niña". Desafortunadamente la vida de Marie fue cortada por una rara enfermedad de los huesos.

Joyce era tímida y sencilla, y realmente quedó desorientada cuando murió su hija. Estaba en un marasmo emocional y estaba ansiosa por establecer contacto con su hija. Después de conocer un poco a Joyce, era evidente que la relación entre madre e hija había sido poco común. Era obvio que Joyce había sido la hija y Marie el adulto que cuidaba de su madre emocional y psicológicamente. Cuando murió su hija, la vida de Joyce también le fue arrebatada. No sabía cómo manejar su pena. Luego, un día una de sus amigas le regaló mi libro, *Healing Grief*; ella entró a mi página web y se inscribió en el viaje.

Era la primera vez que Joyce había viajado en un crucero. Me explicó, "Nunca he viajado sola a ninguna parte". Este crucero resultó ser una experiencia que habría de cambiar su vida para siempre. Durante la semana, Joyce solía buscarme y narrarme bellas historias acerca de su hija. Cada recuerdo venía acompañado de una lágrima. Deseaba, así fuese de alguna manera insignificante, poder recobrar parte de su pasado. Yo la miraba a los ojos y sentía su sufrimiento. Parecía estar muy deprimida y sola. "Estoy seguro de que tu hija se revelará de alguna manera. Sólo ábrete a los signos". Joyce asentía y seguía su camino.

Un día habíamos organizado un taller especial en tierra firme, presidido por uno de los nativos de la isla. La charla era acerca de la cultura tahitiana y las creencias espirituales. Joyce asistió al taller. "No sé por qué, pero sentí que debía asistir", me dijo cuando llegó. Luego se dio vuelta, miró a la mujer tahitiana que presidía el taller y quedó atónita. "Es Marie", chilló. "Es el vivo retrato de mi hija". Cuando descubrió que se llamaba María y que su cumpleaños era sólo dos días después del de su hija, Joyce estaba extasiada.

María, por su parte, supo desde el momento que vio a Joyce que hubo una conexión instantánea entre ellas. Debo agregar que la madre de María había fallecido recientemente. María y Joyce se dieron cuenta de que el mundo espiritual había jugado un papel en reunirlas de una manera que ninguna de ellas habría podido imaginar. Joyce y María han continuado en contacto a través de llamadas telefónicas, correos electrónicos y cartas. Cada una le recuerda a la otra que nadie se pierde o se olvida, y que el amor entre madre e hija siempre está presente.

UNA SORPRESA DE CUMPLEAÑOS

Otra manera de que los espíritus se comuniquen con nosotros es a través de las fotografías. He visto muchas fotografías que muestran esferas blancas o lo que parece ser volutas de humo alrededor de las figuras. Muchas personas creen que han malogrado sus fotos. Yo creo, sin embargo, que de alguna manera los fantasmas han conseguido imprimir una parte de su energía sobre la energía electromagnética de la fotografía. De nuevo, es necesaria una cantidad de energía para hacerlo, pero tengo una página entera en mi sitio web dedicada a fotografías "fantasmas".

Mi cuñado Dennis partió a través del suicidio hace más de diez años y, meses después de su muerte, hice una lectura para mi sobrina Gail. Dennis siempre se había mostrado escéptico frente a las personas que trabajaban como médium y a la comunicación con los fantasmas, así que cuando apareció en la lectura me sorprendí un poco. Una de las primeras cosas que admitió fue, *Estoy vivo y puedo hablar contigo.* Después de transmitir algunos mensajes conmovedores a su hija, Dennis terminó diciendo, *Los veré a todos en la fiesta de cumpleaños.*

Yo estaba seguro que se refería al cumpleaños de Gail, unos pocos días más tarde, pero en su cumpleaños no ocurrió nada especial. Tanto Gail como yo estábamos un poco decepcionados.

Tres meses después de la lectura Brittany, la nieta de Dennis, cumplió tres años. Al día siguiente mi hermana Lynn me llamó y prácticamente gritó por el teléfono, "¡No vas a creerlo!"

"¿Qué?" pregunté.

"¡Dennis! ¡Apareció en las fotografías con Brittany! Está arrodillado y extendiendo su mano hacia ella".

"Estás bromeando". Pero sabía que Lynn no estaba bromeando.

Cerca de un mes después de nuestra conversación telefónica, me reuní con mi hermana en Nueva York y ella me mostró la fotografía. Debo reconocer que, hasta la fecha, es la fotografía más clara de un espíritu que yo haya visto. No sólo se veían su nariz y sus ojos, sino que también pude distinguir sus patillas, su cuerpo, su camisa y sus pantalones.

Dennis le demostró a todos —pero creo que principalmente a sí mismo— que ciertamente hay vida después de la muerte.

NUESTRO HIJO EL GEÓLOGO

Hay ocasiones en las que un fantasma utiliza un método raro y único de comunicación mediante la manipulación de una estructura molecular. En otras palabras, un fantasma puede hacer que un objeto aparezca o desaparezca. Los fantasmas pueden también mover un objeto de una parte de la habitación a otra e incluso a otra habitación. Se necesita muchísima energía para hacerlo, pero es real y sucede.

En agosto de 2001 habíamos alquilado el velero "Wind

Spirit" para un crucero de Turquía a Atenas. El agua es un conductor muy especial de energía; por esta razón, las experiencias que tiene la gente en nuestros cruceros a menudo se amplifican de un modo u otro. Este taller en particular reunió a personas de todas partes del mundo y de toda condición. Teníamos, entre otros, algunos médicos, un ama de casa e incluso una pareja de recién casados. Todos tenían un objetivo: tener una experiencia que transformara su vida.

Fayed y Shania, una pareja de Kuwait, habían perdido a su hijo Bruno cerca de un año antes. Habían tomado el crucero con la esperanza de ponerse en contacto con él y poder seguir adelante. A Bruno le fascinaban las rocas y había estudiado geología en la universidad. A la joven edad de veinticuatro años, Bruno era respetado por sus colegas por su inteligencia y talento.

Como lo hago en todos mis talleres, le expliqué a la audiencia cómo funciona el proceso de comunicación con los fantasmas. Después de hacer aproximadamente doce lecturas durante aquella primera sesión sentí que había transmitido todos los mensajes que debía comunicar y habíamos terminado por el día. Fayed y Shania estaban decepcionados de que Bruno no se hubiera comunicado. Todos se retiraron a sus habitaciones para cambiarse de traje para la cena excepto Fayed y Shania. Permanecieron rezagados, llorando por su hijo.

Mi asistente Jorge se encontraba todavía ordenando sus cosas en la habitación y sabía que la pareja estaba bastante afectada. Les explicó de nuevo lo que yo había dicho en el taller. "Solo porque James no les transmitió un mensaje de su hijo, no significa que no esté ahí. Permanezcan abiertos. Algo sucederá para que sepan que él está aquí con ustedes.

Siempre sucede algo en estos talleres". Fayed y Shania se sintieron consolados por las palabras de Jorge y regresaron a su camarote para prepararse para la cena.

Luego de ducharse en su baño, Fayed extendió la mano para tomar una toalla y de la nada cayó una enorme piedra al suelo. Gritó para que acudiera su esposa y lo viera. Shania irrumpió en el baño y vio a Fayed contemplando fijamente la roca que había en el suelo. "¿Qué sucedió?" preguntó.

"¡Es Bruno!" dijo Fayed entusiasmado. "La roca la envió Bruno. Nos dejó una roca en la mitad del camarote en medio del mar".

Fayed y Shania llegaron a la cena con sus auras iluminadas de color dorado y azul, y supe que algo había sucedido. Cuando me hablaron de la roca que había aparecido en el baño, yo estaba estupefacto por la materialización. Hasta el día de hoy, creo que fue uno de los ejemplos más impresionantes que yo haya presenciado del poder de la comunicación de los fantasmas.

Los fantasmas tienen más impacto sobre nosotros, con más frecuencia a través de sus pensamientos y acciones, de lo que podemos imaginar. Incluso la palabra "inspiración" significa en realidad "en espíritu". Dado que no podemos aplicar las leyes físicas del espacio y el tiempo a los mundos espirituales, a menudo lo que llamamos coincidencias es, en realidad, la influencia del mundo espiritual. Debemos preguntarnos más acerca de las coincidencias que encontramos, pues los accidentes y la suerte no existen. Nuestro Universo, aun cuando muchos lo perciben como algo caótico y fuera de control, es un sistema que funciona en perfecta armonía, gobernado por leyes espirituales. La próxima vez que suceda una coincidencia en tu vida, investígala y busca un poco más allá sobre lo qué pueda significar. Siempre hay algo detrás de un encuentro casual o un momento de suerte. Habitualmente, se trata de un fantasma o varios tratando de enviarnos un mensaje.

Recuerden, por favor, que un fantasma que está en la luz se comunicará de una manera no amenazadora. Sin embargo, es más probable que un fantasma atado a la tierra esté afligido o confundido y se comunique causando perturbaciones. Son los fantasmas atados a la tierra los que asustan a los vivos y depreden llegar a causar daño.

Los fantasmas y el embrujamiento

¡Voy a congelarme! Pensé, mientras mis dientes castañeaban y mis manos y pies se entumecían del frío. Incluso frotarme las manos no les devolvía la sensación. Sólo podía reprocharme a mí mismo, *Cielos, James, ¿por qué no llevaste tu abrigo antes de salir corriendo? ¿Por qué se te ocurrió entrar a esta maldita alacena de escobas? ¿Por qué eres tan curioso? Me pregunto si alguien más los ve. ¿Qué es lo que quieren? ¡Por qué no me dejan en paz!* Comencé a temblar, no de frío, sino de susto. Estaba atemorizado, muy atemorizado.

Aquella fría noche de noviembre no era la primera vez que me escondía en la alacena al aire libre. La rutina parecía suceder continuamente. Quería contarle a alguien las cosas que veía. No sé por qué no lo hice, pero era, de cierta ma-

nera, "nuestro" secreto y sentía que si hablaba sobre lo que
veía, podría sufrir algún daño. Nadie más podía ver lo que
yo veía y la mitad del tiempo los otros chicos pensaban
que yo estaba simplemente loco. Esconderme era mi único
alivio. Pero de pronto la puerta de la alacena se abrió.

"¿Qué demonios estás haciendo aquí? ¡Te podrías haber
congelado!" exclamó el Hermano Martín. "Ahora, regresa al
dormitorio y haz tu cama. ¡Date prisa!"

Eran las siete de la mañana. Debí quedarme dormido
entre las escobas y los rastrillos. Tenía catorce años y estudiaba en el Eymard Catholic Preparatory Seminary. En
lugar de asistir a la secundaria, había decido ser sacerdote.
Aún no estaba seguro de mi decisión, pero pensé que si
podía asistir a la escuela en un sitio maravilloso en lugar de
estar atrapado en una ciudad sucia, mejor así. El Eymard Seminary se encontraba en un lugar prístino a lo largo del río
Hudson en Hyde Park, Nueva York. La biblioteca Franklin
D. Roosevelt lo limitaba por el sur y la mansión Vanderbilt
se encontraba en el extremo norte de la propiedad. En realidad, el seminario había sido alguna vez el pabellón de la casa
de los Vanderbilt.

Desde el momento en que mi padre y mi madre me dejaron en Eymard aquel primer domingo de septiembre de
1972, supe que algo no marchaba bien. En cuanto mis ojos
se posaron sobre la fachada de aquella inmensa estructura
de piedra, sentí que me ahogaba. De repente escuché el alarido de una mujer. Me volví hacia mis padres y les rogué,
"Cambié de idea. Ya no quiero estudiar acá".

"¿Sabes cuántos sacrificios hemos hecho para que puedas
asistir a esta escuela?" dijo mi padre. Mi madre hizo lo posi-

ble para tranquilizarme. "Es normal sentir miedo la primera vez que sales de casa".

"Está bien", dije con cierta vacilación. Tenía que soportarlo.

El interior de la mansión era tan amenazador como el exterior. Parecía como algo sacado de una película de terror de Vincent Price, sólo que no era un set de cine y yo tenía que vivir allí. Mientras paseaba por el recibo principal, advertí que había unos ventanales de vitral desde el piso hasta el techo que proyectaban sombras de colores sobre el piso de caoba perfectamente encerado. Las paredes estaban cubiertas por una madera oscura. Una escalera ancha, también de madera, estaba suspendida en el centro del recibo. Podía imaginar a los dueños haciendo una entrada magistral al bajar la escalera para recibir a sus invitados. Sentí como si el pabellón de caza fuese un museo consumido por un sentimiento abrumador de tristeza.

Los Hermanos salieron a recibir al grupo de estudiantes que llegaban por primera vez y para acompañarnos al dormitorio ubicado en el tercer piso. Mientras subíamos por la enorme escalera, noté que en las paredes había grabadas escenas de cazadores que despellejaban a los animales que acababan de matar. En lo alto del primer piso había una estatua de la Santa Virgen María. ¡Parecía tan fuera de lugar en esta casa de terror! Miré hacia el salón que se encontraba abajo y vi que tres figuras sombrías huían hacia una habitación contigua. Me detuve en seco y me quedé mirándolas.

"Sigue, James", dijo el Hermano Joe. Me tomó de la mano y me haló escaleras arriba.

"¿Quiénes son esas personas?" pregunté.

"¿Qué personas?"

"La dama vestida de gris y el niño. Estaban caminando al lado del salón".

El Hermano Joe hizo entrar a los otros muchachos al dormitorio. Luego se inclinó y dijo en un tono bajo pero firme, "Este es un lugar de Dios. No permitimos ningunas tonterías. Asegúrate de mantener tus pensamientos sagrados. Entra a tu habitación".

Entré al dormitorio. Básicamente era un largo pasillo que se extendía a lo largo de la casa con varias habitaciones y baños a los lados. Parecía un ático adaptado.

"Hola, soy James", dije a algunos de los muchachos. Ellos se limitaron a asentir, y gruñeron "hola". Noté que era el muchacho de menor estatura, así que me sentí incómodo y un poco cohibido. Mi cama estaba al final del pasillo a la derecha. Steve ocupaba la cama al lado de la mía. Al principio Steve fue amable conmigo, pero con el paso del tiempo se unió a una camarilla y su actitud conmigo cambió.

Desempaqué mis maletas y me senté tristemente en la cama. De repente sentí la urgencia de caminar hasta el otro extremo del pasillo. A medio camino pasé al lado de una habitación y sentí algo extraño. Me asomé. De inmediato escuché aquel mismo alarido que había oído al llegar. Esta vez pude distinguir algunas palabras. "Por favor... ayúdenlo... los está matando... ¡detente!" La voz era tan fuerte que tuve que inclinarme y taparme las orejas.

Esta no era una buena manera de empezar la escuela. Yo era muy impresionable y esta impresión habría de durar hasta cuando abandoné el seminario. La habitación tenía cinco camas y parecía normal, excepto que era circular. Había un balcón que había sido convertido en una escalera de incendios. El letrero que había en el balcón decía, No ABRIR BAJO NINGUNA CIRCUNSTANCIA. Me pregunté si eso incluía también en el caso de un incendio.

Regresé a mi cama para terminar de desempacar. Sabía que me encontraba en un lugar extraño e inquietante y sabía también, en mis adentros, que había un fantasma (o fantasmas) que rondaba en aquel lugar y que, quien quiera que fuese, no parecía muy bueno. Para rematar, tenía la horrible sensación de que alguien me observaba porque sabía que yo podía verlo.

A la mañana siguiente me desperté y al sentir que algo me tocaba el cuello. Grité, "Aaaahhh!" Extendí la mano, sentí lo que parecían ser mechones de cabello y comencé a llorar. De pronto grandes carcajadas llenaron la habitación. Abrí los ojos y vi un trapero a mi lado. Había sido víctima de una broma no muy divertida. Aquellos chicos que presuntamente serían futuros sacerdotes se comportaban más bien como internos en un reformatorio. Luego comprendí. Estos muchachos no eran santos. Eran muchachos con problemas y sus padres los habían enviado a este seminario con la esperanza de que los Hermanos pudieran reformarlos y convertirlos en buenos jóvenes católicos.

Después de aquel incidente mis sentimientos de aislamiento e inseguridad aumentaron. Siempre tenía la inquietante sensación de que alguien seguía todos mis pasos con los ojos y aquella energía amenazadora parecía ser cada vez más fuerte. Podía sentir que aquel fantasma estaba a punto de darse a conocer.

Varias semanas después, comenzó a correr el rumor de que alguien entraba subrepticiamente a la cava de los vinos y destruía las botellas de vino. Un día durante la misa de la mañana escuchamos el ruido de vidrios rotos. Unos pocos sacerdotes se levantaron con rapidez y corrieron a la parte de atrás del altar. La misa terminó cerca de media hora más tarde y, mientras caminábamos en silencio hacia el comedor, el sonido de una sirena irrumpió la tranquilidad. Durante el desayuno el Hermano Robert acudió a decirnos que el Padre John, uno de los sacerdotes que había corrido a investigar los ruidos detrás del altar, había experimentado un dolor en el pecho y había sido llevado al hospital. Cuando le preguntamos acerca de los ruidos, respondió que algunos ratones habían entrado en la cava. Pensé para mis adentros, *Debieron ser unos ratones bastante fuertes.*

Cuando el Padre John regresó al seminario, nunca habló del día en que había ido a investigar los ruidos detrás del altar. Pensando ahora en esta experiencia, y en todas las otras cosas extrañas que sucedieron en el seminario, me doy cuenta que los Hermanos y los sacerdotes sabían que aquel lugar estaba embrujado. De hecho, una noche cuando caminaba cerca del comedor de los sacerdotes, escuché que discutían. Uno de los sacerdotes mayores decía, "Pueden largarse ya mismo. ¡Ya no es su casa!" Desde luego, nadie hablaba nunca de fantasmas. Era un pecado para los católicos creer en cosas semejantes.

En varias ocasiones, durante el primer año que pasé allí, hubo una serie de accidentes y situaciones de grave peligro. Uno de los muchachos casi muere de una sobredosis en el sótano por haber ingerido tabletas para purificar el agua. Varios seminaristas fueron expulsados por ataques violentos que parecían no tener motivo alguno. La escuela se estaba convirtiendo en un lugar extremadamente tenso, al menos para mí.

A medida que sucedían más cosas, mis sueños se hacían más vívidos. En uno de ellos el sonido de sollozos y toses provenía de una de las habitaciones más lejanas. Entré a la habitación y vi a un hombre vestido con un viejo overol y una camisa blanca sucia. Un niño de cerca de siete años estaba acostado en el suelo tosiendo y lucía extremadamente pálido. Advertí que el hombre tenía algo en la mano. Cuando me miró, vi que tenía un cuchillo y una soga. Supe que estaba preparando un lazo para ponerlo alrededor del cuello del niño. Cuando miré al hombre éste dijo, "Sal de acá. ¡Esto no es asunto tuyo!" La ventana que había a su lado se abrió de un golpe y yo desperté bañado en sudor. El sueño había sido tan real que corrí a la habitación del Hermano Robert y llamé con fuerza a su puerta para contárselo. Me dio unas palmaditas en la cabeza. "Es sólo una pesadilla. Muchos chicos las tienen. Estás lejos de casa y de tu familia. Regresa a la cama. Todo está bien". Desafortunadamente las pesadillas persistieron y, aun cuando eran diferentes, siempre involucraban a un hombre, un niño y una dama, estos dos corriendo escaleras abajo gritando.

Tenía la mayoría de mis visiones en la noche, durante la misa o justo antes de irme a la cama. Durante la misa veía a un sacerdote fantasma diciendo la misa al lado del sacerdote vivo. El fantasma tenía diferentes ornamentos anticuados, como de otra época. Muchas veces, durante la misa, escuchábamos extraños sonidos o las cosas se caían sin ningún motivo.

Recuerdo con claridad una de aquellas noches. Eran las ocho y cuarto, y yo estaba en un receso. Caminaba desde el salón de estudios, ubicado debajo de la iglesia, hacia el piso superior. Vi un brillo dorado detrás de las puertas de la iglesia, hechas de vidrio esmerilado. Abrí las puertas y vi a la dama vestida de gris y al niño poniendo una vela delante de la estatua de la Virgen María. La dama fantasma me vio y comenzó a gritar, "¡Te voy a alcanzar!" Me alteré tanto que corrí hasta el salón de estudios y le conté al Hermano que estaba allí lo que acababa de ver. Él corrió escaleras arriba y tomó el extintor. Creyó que le había dicho que la iglesia se incendiaba.

Pronto otros muchachos tuvieron extraños sueños similares de una dama que gritaba, un sacerdote, un hombre, una soga y un niño. Una noche, cuando entramos al dormitorio, Tom, uno de nuestros compañeros, estaba de rodillas en el suelo gritando, "No lo mate".

Tom nos dijo, "Hay un hombre poniéndole una soga al cuello a un niño. Va a colgarlo. Tenemos que detenerlo".

Esto fue lo que necesitaba. Tom confirmó mi creencia de que el lugar estaba, en efecto, embrujado.

Una tarde, los Hermanos invitaron al historiador del pueblo para que hablara en la asamblea de la escuela. Todos los estudiantes nos encontrábamos en el auditorio, ansiosos por escuchar los chismes. A comienzos de la década de 1800, antes de que llegaran los Vanderbilt, había una familia de apellido Smithers. La pareja, Jonathan y Bessie, tenían un niño llamado Jules quien estaba muy enfermo de tuberculosis. Al parecer eran personas muy religiosas y supersticiosas. Bessie llamó al sacerdote del pueblo para decirle que su hijo estaba poseído. Le pidió al sacerdote que exorcizara al demonio de su hijo enfermo. El sacerdote se esforzó por rezar por el niño. A Jonathan no le agradaba el sacerdote y creía que sólo empeoraba las cosas. Cuando la salud del niño empeoró, sus padres se descorazonaron. Bessie maldijo a Dios por permitir que su hijo enfermara. Entre tanto, el comportamiento de su esposo se volvía cada día más extraño. Dejó de atender a todas sus labores y así, de a poco, fue abandonando la granja. Bessie sospechaba que el sacerdote había liberado al demonio del cuerpo de su hijo y lo había pasado al de su padre.

Entre tanto Jonathan, ya demente, diseñó un plan para deshacerse del demonio, matando a su hijo y poniendo fin a su sufrimiento. Un día hizo un lazo, lo puso alrededor del cuello del niño y lo colgó de una ventana. Bessie entró a la habitación y gritó, "¡Detente!" mientras trataba de alcanzar la soga. La soga se rompió y su hijo murió ahorcado ante sus ojos. Jonathan estaba tan perturbado que saltó por la ventana y se mató.

Supongo ahora que Bessie mantenía el lugar embrujado porque quería que los sacerdotes y los Hermanos se marcharan. Culpaba al sacerdote y a la iglesia por la muerte de su hijo y de su esposo.

Después de aquel primer año, abandoné el seminario y me alegré de regresar a la escuela pública. Las matrículas en el seminario disminuyeron de cuarenta a diez estudiantes. Unos pocos años más tarde, el seminario cerró sus puertas para siempre. Hace dos años me encontraba en aquella misma zona realizando un taller. Pasé al lado de la vieja mansión. El lugar estaba completamente cercado, pero pude ver la casa a la distancia. Mientras la miraba tuve la sensación de que el lugar aún no estaba libre de la actividad de los fantasmas. No se sentía limpio. Un vecino se me acercó a preguntarme sobre mi curiosidad por el lugar.

"Solía ir a la secundaria allí".

"No es usted el primero", replicó. "Muchos de los anti-

guos estudiantes han regresado para observar la vieja casa,
sólo para ver si aún está en pie".

"¿Qué opinan?" pregunté.

"Todos tienen una extraña reacción al lugar. A algunos
quedaron fascinados mientras otros nunca quisieran pisar
de nuevo esa casa".

El vecino se alejó.

Subí de nuevo a mi auto y me alejé. Mi única esperanza
era que, algún día, los fantasmas que embrujaban esa casa
cruzarían hacia la luz y encontrarían la paz.

¿EN QUÉ CONSISTE UN EMBRUJAMIENTO?

Mi experiencia en el seminario es un ejemplo perfecto de
cómo los fantasmas embrujan un lugar que les es familiar.
En mi opinión, la mayor parte de los lugares están embrujados de un modo u otro. Es posible que no seamos conscientes de las diferentes entidades que viajan a nuestro lado, pero
los fantasmas pueden rondar libremente por donde quieran
pues, como lo mencioné antes, no están limitados por la dimensión física. No necesitan ningún medio de transporte
para trasladarse de un lugar a otro porque se desplazan con
el pensamiento. En los ámbitos astrales, todo es más nítido y
claro, y los recuerdos son muy vívidos.

Un lugar embrujado es cualquier zona con una alta concentración de actividad fantasmal durante un período pro-
longado de tiempo. Con base en mis investigaciones, he
encontrado que estos lugares tienen un fuerte vínculo emocional para el fantasma. Al igual que el seminario que estaba
embrujado por sus ocupantes anteriores, hay recuerdos men-

tales y emocionales muy fuertes asociados con el lugar embrujado y los fantasmas quieren aliviar de alguna forma estos recuerdos, o no pueden dejar de revivirlos.

Es entonces cuando los fantasmas ocasionan perturbaciones en la energía. Por otra parte, es posible que los fantasmas sólo quieran vigilar un sitio para asegurarse de que los nuevos ocupantes respeten su hogar y cuiden de él como ellos lo hicieron alguna vez.

ESTUDIOS DESILU

Es bastante común que los fantasmas ronden en sus antiguos lugares de trabajo. Yo me he comunicado con muchos fantasmas que les agradaba tanto su trabajo, y que le dedicaban tanto tiempo y energía, que a menudo regresaban a visitar estos lugares. Uno de los fantasmas más famosos que pasa mucho tiempo todavía en su sitio de trabajo es Lucille Ball. Ella se ha comunicado conmigo en dos ocasiones. La primera vez que la conocí fue cuando grababa un segmento de *Entertainment Tonight* para CBS. Yo era el director de un paseo turístico por los estudios Paramount para ubicar fantasmas del pasado glorioso de Hollywood. En efecto, varios fantasmas famosos se hicieron sentir, pero ninguno tan célebre como la propia cómica pelirroja.

Lucille Ball me dijo, *Yo trabajaba todo el tiempo y echaba de menos a mis hijos.* Decidió adaptar los estudios Desilu para los niños y permitir que los empleados llevaran a sus hijos al trabajo. Gracias a su enorme influencia, Lucy fue la primera que organizó una guardería en un estudio. Me dijo también, *Planeaba almuerzos campestres y muchas fiestas para los empleados y para sus hijos.* Mientras hablaba, yo le comunicaba nuestra conversación a la cámara. Luego Lucy señaló hacia su apartamento personal.

Vamos, te mostraré, dijo.

El equipo y yo caminamos hacia una edificación donde en aquel momento había una compañía de producción de televisión. El asistente de la oficina, que se encontraba detrás de su escritorio, se sobresaltó cuando vio a los camarógrafos y al equipo de sonido en la entrada.

"Hola", dije, estrechándole la mano. "Estamos grabando un segmento para *Entertainment Tonight*".

Mientras el camarógrafo hacía tomas del lugar, le dije al asistente, "Soy un médium y me estoy comunicando con el fantasma de Lucille Ball. Me dice que ella tenía una habitación en la parte de atrás del estudio. Solía ir allí y reposar en el sofá. ¿Sabe a qué me refiero?"

Atónito, el joven replicó, "Ah, sí. Era el salón privado de Lucy, y al parecer lo usaba para descansar".

Lucy me lo dijo muy claro: *Ya no descanso.* Le dije al joven, "Sabes, Lucy viene acá todo el tiempo".

La pelirroja continuó diciendo que había pasado tantas horas fastidiosas diseñando su apartamento. *Ahora luce tan blah,* dijo con tristeza.

Mientras paseábamos por las oficinas, Lucy prosiguió. *Les hago bromas a los ocupantes actuales. Es mi forma de divertirme. A veces hago caer los papeles del escritorio y abro y cierro las puertas de la oficina.*

Como prueba de ello, le pregunté al joven de la oficina si ocurrían estas cosas. El joven se asustó un poco al recibir esta información. Con una risa nerviosa, admitió que esto sucedía. "Sí, los papeles suelen volar de mi escritorio sin ninguna razón y en ocasiones la puerta se abre cuando sólo yo me encuentro aquí".

"¡Es Lucy!" le dije entusiasmado. "Viene a vigilar los estudios que ella ayudó a construir. Dice que tiene muchos recuerdos felices en este lugar".

Con su propio estilo único, Lucy terminó la conversación. *¿Por qué no habría de regresar acá a revivir los mejores años de mi vida?*

Aun cuando los fantasmas habitualmente frecuentan lugares relacionados con su pasado, he encontrado también que algunos rondan en sitios con los cuales no tienen ningún vínculo emocional. En ocasiones eligen un entorno en particular —bien sea un lugar, una experiencia o una persona— porque hay algo en ellos que los llama. Por otra parte, es posible que hayan deseado formar parte de un entorno en particular cuando vivían, pero nunca tuvieron la oportunidad de hacerlo.

Por ejemplo, hay muchos fantasmas que siempre han tenido el deseo de aparecer en escena, así que ronda un teatro para "vivir" esta experiencia. Es posible también que algunos fantasmas sean admiradores de un actor determinado, así que lo visitan para cumplir este deseo. He tenido varios clientes del mundo de la actuación que me cuentan con frecuencia que siempre hay fantasmas a su alrededor. Cuando le pregunto a un fantasma por qué hace esto, la respuesta es, por lo general, *Estoy aquí para ayudar a esta persona con su papel.*

Me he comunicado con fantasmas que han sido bastante patrióticos y, cuando mueren, se dirigen directamente a los lugares donde luchan los militares para ayudar a las tropas. Es su forma de servir a su país.

LOS FANTASMAS VAN A LOS
CLUBES NOCTURNOS

Los fantasmas atados a la tierra frecuentan a menudo lugares donde abunda la energía humana. El primer lugar en el que pensamos es un bar o un club donde sirven alcohol. Parece que entre más ebria esté la clientela, más fácilmente pueden adherirse los fantasmas. Como lo mencioné antes, las personas en estado de ebriedad son susceptibles a adherencias de parte de fantasmas porque el alcohol agota el campo protector del aura. Es como bajar la guardia.

Recuerdo hace varios años cuando estaba en Minneapolis haciendo una demostración. Al terminar pensé que podría relajarme con un trago en uno de los bares locales. Antes de todo, permítanme señalarles que siempre que me encuentro en una ciudad desconocida hago mi ritual de protección, pues nunca sé si habrá fantasmas al acecho. El conserje del hotel le dio a mi asistente Kelley el nombre de un bar conocido que parecía especialmente concurrido los sábados en la noche. Mientras Kelley y yo caminábamos hacia el bar, advertimos varias edificaciones cerradas con tablas; dado que había pocas tiendas, las calles estaban mal iluminadas. Le dije a Kelley, "Me siento muy extraño. La energía de este lugar parece oscura y extraña. Asegúrate de construir un muro de protección a tu alrededor".

En el instante mismo en que Kelley y yo entramos al club, nos golpeó la energía negativa. El olor a moho y a blanqueador invadía el aire y nuestra nariz. "Este lugar es un lugar de mala muerte", dije. Con cada paso que dábamos para llegar al segundo piso, yo me sentía peor. Cuando llegamos a la pista de baile, ninguno de los dos podía ver mucho a través de los brillantes reflectores y los letreros de neón. La gente parecía en un estado de frenesí mientras intentaba captar el ritmo ensordecedor.

Aun cuando divisar a la gente resultaba difícil, ver a los fantasmas era sencillo. Aquel sitio estaba repleto. Sombras oscuras seguían a la gente y figuras sombrías se apiñaban en los rincones. Algunos fantasmas estaban sentados al lado de las personas que estaban en el bar, disfrutando los placeres de los martinis y los tequilas. Luego vi algo que nunca antes había visto. En un puesto al otro lado del salón había una joven muy intoxicada apoyada en la mesa. Dos fantasmas la acompañaban, uno a cada lado. Uno de ellos era una joven muy delgada que parecía drogada; el otro era un hombre que me recordó a un músico de rock en decadencia.

Miré a Kelley y dije, "Está bien, cinco minutos y nos marchamos". La gente estaba tan ebria que varias personas me chocaron mientras me dirigía a buscar alguna ventilación. No aguantamos ni cinco minutos. Miré a Kelley, ella me devolvió la mirada y nos dirigimos de inmediato al primer piso. Nos apresuramos a salir y, al respirar el fresco aire de la noche, nos sentimos algo aliviados. Luego nos dimos vuelta y vimos una larga fila de personas que aguardaban para entrar. Varios fantasmas acompañaban a los clientes en la fila. Toda esta atmósfera parecía una película de terror. Kelley y yo, ambos "aterrados" por la energía negativa, doblamos la esquina de prisa y caminamos calle abajo tan rápido como pudimos. Dije, "Siento que necesito una ducha". Kelley replicó, "Yo también". En ese mismo instante, comenzó a lloviznar. Reímos ante la ironía, pero seguimos caminando.

No había manera de protegernos bajo aleros o umbrales en aquel vecindario, especialmente con la cantidad de mala energía que cubría todo el lugar.

Lo única forma de explicarlo es que se sentía como la energía de la droga. Todas las personas con las que nos cruzábamos parecían drogadas o algo así. Cuando nos encontrábamos a cerca de tres cuadras del hotel, un hombre medio loco salió de un callejón y comenzó a gritarle obscenidades a Kelley. Corrimos por aquellas últimas cuadras hasta que llegamos finalmente a la seguridad del hotel.

OTROS SITIOS FANTASMALES

Además de los bares, clubes, restaurantes, teatros y más, los fantasmas se aprovechan también de las personas que tienen mucha energía que proviene del "miedo." El temor, las preocupaciones y la ansiedad son todas emociones que atraen a los fantasmas atados a la tierra. Los fantasmas se alimentan de estas emociones y, a la vez, las utilizan para aumentar su propia energía. Hay varios lugares que contienen energía miedosa. ¿Cuáles son estos lugares? Créanlo o no, los consultorios de los dentistas se encuentran habitualmente llenos de fantasmas. Personalmente no les temo a los dentistas, pero cuando acudo a sus consultorios mantengo los ojos abiertos para los fantasmas que acechan en los rincones.

Otros lugares que resultan sorprendentemente atractivos para los fantasmas son las oficinas de abogados y los tribunales. Los fantasmas frecuentan estos sitios por las emociones de temor vinculadas a ellos. En estos contextos, la gente está afligida, enojada, acusada injustamente o son criminales. Es posible que algunos fantasmas hayan tenido problemas con la ley cuando estaban vivos y les fascina este tipo de energía. Es posible que algunos de ellos fuesen inocentes y desean que se haga justicia.

Los hospitales son otros lugares que atraen habitualmente a los fantasmas. Los hospitales están llenos de enfermedades, preocupaciones y temor a la muerte. Cuando visito a alguien en el hospital, siempre hay fantasmas rondando. Algunos están allí para absorber la energía de las personas que están en condiciones de debilidad. Otros pueden acudir a ayudar a sus seres queridos a cruzar al otro lado. Y están también los fantasmas de las personas que acaban de morir y están confundidas sobre dónde se encuentran.

FANTASMAS EN LOS AVIONES

Los aviones son otra fuente de interferencia de los fantasmas. Comprendo a los fantasmas en los aviones porque, al igual que yo, algunas personas no les gusta volar. Es comprensible que la gente sienta miedo de volar, especialmente desde el 11 de septiembre. Sin embargo muchos de los espíritus que he visto en los aviones no necesariamente se encuentran allí para robar energía. Por el contrario, están a bordo para proteger a sus seres queridos que temen volar. Sé que varios de mis guías espirituales me acompañan para calmar mi miedo a volar.

Algunos años atrás, estaba en el aeropuerto de Memphis aguardando un vuelo para regresar a mi casa en Los Ángeles. Mientras miraba a las personas que se encontraban en la salida, vi una serie de espíritus que acompañaban a sus seres queridos. No sentí ninguna mala energía de ellos, pero un fantasma en particular captó mi atención. Era bastante alto y ligeramente robusto. Llevaba una camisa blanca, vaqueros y grandes anteojos de sol. Acompañaba a una rubia muy bella y constantemente le daba palmaditas en la parte superior de la cabeza. Me pregunté si en realidad la conocía o si sólo se sentía atraído, como fantasma, por su energía brillante y amistosa. Cuanto más miraba a este fantasma, más conocido me parecía. Pensé por un momento que podría ser Elvis, pero pronto deseché esta idea; estaba seguro de que reconocería a Elvis con facilidad. Continué devanándome los sesos para dar con un nombre para aquella cara, pero no tuve suerte. Varios minutos después, el asistente de la puerta de salida anunció que podíamos abordar.

Puesto que tenía la fortuna de viajar en primera clase, fui uno de los primeros en subir al avión. Tomé asiento y me acomodé. Justamente detrás de mí venía la bella rubia con buena energía. Tomó asiento a mi lado. Pronto nos presentamos. Aquella linda mujer se llamaba Bárbara y me dijo que era viuda. Me alegró que no me hubiera reconocido, pues pasamos las horas siguientes en una maravillosa e iluminadora conversación sobre la vida en Los Ángeles, los viajes, los negocios y la familia. En varias ocasiones durante la conversación, advertí que el fantasma de los anteojos negros permanecía justo detrás de ella. No le hice saber que podía verlo, pero aún me irritaba el hecho de que su cara me resultara tan conocida. Para cuando llegamos a Los Ángeles, Bárbara me había dicho lo que yo había querido saber durante todo el viaje. "Vengo de la casa que construyó mi esposo en Memphis. Él era Roy Orbison".

"¡Ay Dios mío!" exclamé. Entonces ¡era él quien había permanecido detrás de ella! Con razón su cara me resultaba tan conocida. Nunca le dije a Bárbara el tipo de trabajo al que me dedicaba, pero me alegré que Roy todavía estuviera al lado de su "Pretty Woman".

LOS FANTASMAS CON MEMORIA SITUACIONAL

Al igual que la gente, los lugares pueden contener energía. Este fenómeno se conoce como "memoria situacional". Es un estilo común de embrujamiento que no es muy bien comprendido. Es diferente de aquellos que he descrito anteriormente. La memoria situacional no se refiere únicamente a que los fantasmas tengan fuertes conexiones emocionales con lugares que les son familiares, sino a que hay lugares determinados que contienen una impronta grabación de su historia. Los fantasmas tienden a perderse en estos lugares y a experimentar de nuevo un evento o momento en particular una y otra vez.

En mi libro *Heaven and Earth*, escribí extensamente sobre mi experiencia de una "memoria situacional" en Dallas. Estaba viajando en auto y de pronto sentí un terrible dolor de cabeza. "¡Detenga el auto!" le grité al conductor. Cuando salí, me encontré exactamente en frente del depósito de libros de donde le habían disparado al Presidente Kennedy. Los lugares históricos a menudo desempeñan un papel en esta memoria situacional. Así como la gente se aferra a recuerdos, los lugares también contienen recuerdos. Es la energía de sitios históricos o lugares donde ocurrieron acontecimientos importantes, como el depósito de libros y las calles de Dallas que mantienen el recuerdo del incidente que sucedió allí. El acontecimiento tuvo un intenso componente emocional y, por lo tanto, el recuerdo permanece.

Los campos de batalla son zonas de fuertes memorias situacionales. La gente que visita estos sitios siente, a menudo, las emociones que estuvieron presentes durante el combate. Me han dicho que es posible escuchar los gritos de los soldados o sentir el olor de la pólvora en la atmósfera. No es posible sustraernos de este tipo de campo de energía ni tener sensaciones extrañas.

LA CASA DE ANNE FRANK

En 1994 hice un viaje a Europa, primero para pasar una estadía con parientes en Gales y luego para visitar la tierra de mis antepasados en Holanda. Llegué a Ámsterdam un martes en la tarde cuando llovía muchísimo. Lo recuerdo bien porque hacía mucho frío y no veía el momento de llegar al hotel y acostarme en una cama caliente. Al día siguiente tuve la experiencia contraria. La ciudad estaba iluminada como una pintura holandesa. Todo y cada lugar destellaba con los rayos dorados del sol: las bicicletas, los canales distintivos y la gran arquitectura holandesa. Ámsterdam, una de las ciudades más encantadoras que conozco, está llena de memorias situacionales. Pasé varios días visitando los lugares más turísticos, pero había uno en particular que deseaba ver desde hacía mucho tiempo: la casa de Anne Frank.

Había tenido una fuerte identificación con esta casa desde que era niño. He sospechado por largo tiempo que esta identificación proviene de un recuerdo de una vida pasada, pues siempre me ha fascinado la Segunda Guerra Mundial. En la secundaria, participé en la producción de la obra de teatro, *El diario de Ana Frank*. Representé el papel del señor Dussel, el dentista que se ocultaba junto con la familia Frank. El señor

Dussel fue uno de los personajes más emotivos que he representado en mi vida. Recuerdo que el primer día de ensayos, cuando me disponía a recitar mis líneas, resonó una voz fuerte, profunda y poderosa. Yo estaba estupefacto, al igual que todos los demás.

Incluso el profesor me preguntó, "¿Cómo lo hiciste?"

"No lo sé", repliqué. "Sólo salió de mí".

Mientras permanecía delante de la casa de los Frank, comencé a sentir una sensación muy extraña. Miré al canal que había al frente de ella y pensé, *Este canal, este puente, incluso los árboles están todos exactamente como eran hace cincuenta años.* ¿Qué habían presenciado? De repente regresé mentalmente en el tiempo. Vi soldados alemanes en sus motocicletas atravesando los canales. Escuché el agudo sonido de los gritos de estos soldados que ordenaban a la gente salir de sus casas y seguir adelante, y tronaban muchísimos disparos en la distancia. Me sentí atemorizado y solo; tenía ganas de llorar.

"¡Siguiente, por favor!" exclamó el guarda que tomaba los boletos a la entrada, mientras extendía la mano para tomar el mío. Rápidamente regresé a la conciencia del presente, pero no pude deshacerme de la sensación extraña de aislamiento que aún conservaba en mi interior. El guía explicó que los Frank se habían ocultado durante dos años en el anexo que se encontraba encima de la oficina del señor Frank. Mientras miraba la entrada, pude determinar que las cosas habían cambiado en los últimos cincuenta años y que ninguna de sus pertenencias originales se encontraba allí. En lugar de ellas, había información actual sobre la casa, la guerra y asuntos de derechos humanos.

La parte oficial de la gira comenzó cuando el guía nos

llevó por un corto pasillo hacia una estantería. Yo estaba maravillado. Allí estaba la estantería original que bloqueaba la entrada al lugar donde se ocultaban los Frank. Ver la estantería hizo que el acontecimiento fuera muy real y tangible. Era inspirador y triste a la vez. Aquella estantería común y corriente era lo único que separaba a los nazis del grupo de personas que se escondieron detrás de ella durante dos largos años. No estaba permitido tomar fotografías, pero no pude resistir. Saqué mi cámara y tomé una foto sin que nadie lo notara. Sentía una conexión tan grande con aquella estantería y con aquel lugar. Quizás se debía a la obra de teatro en la que había participado hacía tantos años, pero no podía dejar de pensar en Anne, en su padre Otto y en los otros miembros de su familia. Puede que Anne haya soñado con ser una famosa estrella de Hollywood, pero ¿alguna vez habría imaginado esta niña holandesa que su vida sería objeto de libros y películas, y que su experiencia cambiaría la comprensión que tenía el mundo de la guerra? Su vida desempeñó un papel mucho más crítico y conmovedor en la historia que cualquier papel que hubiera representado en el escenario.

Mientras subíamos las escaleras hacia el anexo, advertí que las paredes no habían sido pintadas; permanecían exactamente como estaban cuando los Frank vivieron allí cerca de cincuenta años antes. Me detuve y contemplé fijamente la marca de un lápiz. ¿Había dibujado algo Anne o fue que su lápiz simplemente rayó la pared al pasar? Cuando llegamos a la parte de arriba, sólo unos pocos bombillos desnudos colgaban en el anexo. Mientras caminaba por el lugar, sentí la sensación abrumadora de estar atrapado. No podía respirar. El guía me condujo a un asiento en la entrada. El resto de las personas continuaron visitando las diferentes habitaciones mientras yo recuperaba el aliento.

Advertí que un vidrio cubría el papel floreado de colgadura original que desde entonces había perdido sus colores. Todas las fotos de la familia de Anne, así como imágenes que había recortado de las revistas de los famosos de aquella época, estaban conservadas en vitrinas. Mientras estudiaba las fotografías, un hombre pasó súbitamente a mi lado. Era alto, de cabellos claros; llevaba pantalones marrones con tirantes y una camiseta blanca sin mangas. La toalla que tenía sobre su hombro desnudo sugería que se dirigía al baño o salía de él. Mientras pasaba, le pregunté telepáticamente, *¿Quién es usted?* No notó que yo estaba allí, pero escuché la palabra Fritz mentalmente; luego desapareció. Ya había visto y sentido lo suficiente por un día; había llegado el momento de marcharme.

Bajé a la zona del museo y me paseé por las vitrinas que contenían varias piezas de ropa de los campos de concentración, platos que la familia Frank había utilizado y más fotografías de los ocupantes del anexo. Mientras caminaba, absorbiéndolo todo, de pronto comprendí algo. Al lado de Otto Frank, en una de las fotografías, estaba el hombre al que había visto en el segundo piso. La leyenda decía que se trataba del señor Friedich "Fritz" Pfeiffer, conocido también como "el señor Dussel".

No sé por qué, pero salí apresuradamente de la casa y me senté en una banca al lado del canal. Recé una oración por "el señor Dussel", el resto de los ocupantes del anexo y los millones de almas que tuvieron que experimentar una tragedia tan grande. "Que sólo recuerdos ligeros y felices los acompañen donde quiera que estén".

Estoy seguro que muchos de ustedes han sentido algún tipo de conexión con acontecimientos pasados, figuras históricas o determinados lugares. Ser sensible al mundo que nos rodea y usar nuestra intuición son las principales maneras de sintonizarse con el mundo de los espíritus. Sin embargo, si necesita ayuda adicional, hay una serie de métodos que pueden acelerar el proceso.

NUEVE

Cómo establecer contacto

Hasta ahora, este libro se ha centrado en los fantasmas—quiénes son, cómo nos rondan, dónde suelen ir y cómo tratan de atraer nuestra atención. Quizás su curiosidad ya ha madurado y ahora tienen el deseo de explorar el mundo de los fantasmas por su cuenta. ¿Realmente quieren ver, sentir y comunicarse con los fantasmas? ¿Hay una manera de entrar a este mundo?

Aun cuando yo tengo mi propio método de ponerme en contacto con los espíritus, hay una serie de medios para invocar las regiones fantasmales y ponerse en contacto con ellas. Algunos son bastante sencillos y requieren poca preparación. Otros métodos requieren un plan bien concebido y algún tipo de aparato. Sugiero que se estudien cada técnica y decidan cuál es lo mejor para ustedes. Algunos métodos requieren mucho tiempo y devoción, pero recuerden: el resultado final puede valer la pena.

CAZAFANTASMAS

Según los estándares de la televisión, pareciera que el mundo está aun más lleno de fantasmas hoy en día que antes. La gente siente gran curiosidad sobre los fantasmas. No podrían creer la cantidad de programas de fantasmas que se están desarrollando actualmente en las compañías de producción, aparte de los sitios web dedicados al tema, tales como *International Ghost Hunters*, *National Ghost Hunters* y cualquier *Ghostbusters R Us* locales. Además de las series de fantasmas que se presentan en la televisión, tales como *The Ghost Whisperer*, los fantasmas también están apareciendo en los programas de policías, de médicos y de abogados, así como en otras series de televisión. No es de sorprender, entonces, que una variedad de programas de televisión en vivo se haya unido a esta tendencia.

En estos programas de cazafantasmas en vivo, la gente común busca fantasmas en lugares embrujados y transmiten sus hallazgos a la cámara. Desde luego, estos programas incluyen una diversidad de especialistas que sostienen que pueden reconocer las apariciones de fantasmas. No estoy seguro qué credenciales tienen estos especialistas, ni si pueden realmente detectar las dimensiones en las que residen los fantasmas, pero los programas resultan extremadamente populares. Por lo que entiendo, las estrellas de uno de estos programas son plomeros durante el día y cazafantasmas en la noche. Estoy seguro de que se toman su trabajo muy en serio, y los respeto por abrir las mentes de la gente al mundo de los fantasmas.

La tecnología actual ciertamente ha hecho que los cazafantasmas sean más populares que nunca. Los días de las mesas que giran y las sábanas voladoras ya pasaron. Ahora no sólo tenemos anteojos para ver de noche, sino anteojos para ver fantasmas, aparatos para registrar la temperatura, receptores de energía, amplificadores de sonido y una variedad de instrumentos adicionales. Si quiere ir a una expedición para cazar fantasmas por su cuenta y ponerse en contacto con los espíritus a la manera de un cazafantasmas, necesitará los siguientes instrumentos.

Intención

Hay un factor sobre el cual no puedo hacer suficiente énfasis y es el motivo de su deseo de ponerse en contacto con fantasmas. Es preciso tener una intención clara de por qué se desea explorar este mundo. ¿Quiere prestar un servicio y ayudar a otra persona a encontrar a un pariente o amigo que ha fallecido? ¿Quiere llevar la paz a un fantasma? ¿Está ayudando a un espíritu a avanzar? ¿Quiere rescatar a un fantasma de su actual condición de aflicción? ¿Está tratando de ponerse en contacto con el otro lado como un juego, como una broma o para asustar a sus amigos? La búsqueda de fantasmas debe ser tomada con seriedad porque los fantasmas no son algo con lo que se juega. Es muy posible entrar en un mundo para el cual no se está preparado en absoluto y esto puede tener consecuencias que no se pueden manejar. Recuerde que los fantasmas pueden leer su mente y reconocer su temor, y si no se los respeta entrando a su mundo con conocimiento y preparación, los resultados pueden tener funestos efectos físicos, mentales y emocionales para usted y cualquier persona que lo acompañe. Esto no es un juego. Usted puede ser un faro de comprensión y ayuda para quienes se encuentran perdidos, pero únicamente si ingresa a las dimensiones astrales con amor y compasión por todos aquellos con quienes se pone en contacto.

Autorización

Antes de trabajar en cualquier propiedad, sea una casa u otro tipo de edificación, obtenga la autorización por escrito del dueño, bien sea una persona, una ciudad o la asociación de propietarios de un condominio. Es preciso tener esta autorización para ingresar a la propiedad con el fin de investigar actividades paranormales.

Familiarícese con la historia de la propiedad, quiénes han sido sus anteriores dueños, escrituras de confianza, constructores, contratistas que puedan haber hecho ampliaciones y mejoras y dueños actuales. Investigue todos los registros relacionados con la propiedad. Indague si hubo otra estructura en la propiedad antes de la estructura actual. Investigue los registros públicos y los diarios para saber si se han presentado incidentes significativos en la propiedad —tales como incendios, asesinatos, suicidios u otros crímenes. Recuerde que la mayor parte de la actividad fantasmal está relacionada con eventos pasados sucedidos en un determinado lugar. Si es posible, familiarícese con la propiedad, visitándola varias veces, especialmente la noche anterior a su investigación. Es más fácil investigar un lugar cuando se conoce su diseño.

Equipo

Cierto equipo básico es necesario en cualquier escenario cazafantasmas. La siguiente lista variará de acuerdo con la sofisticación de la organización o grupo involucrado.

- Un reloj

- Un teléfono celular

- Una libreta

- Un termómetro para medir cualquier cambio ambiental

- Una cámara Polaroid, una cámara de 35mm con película de alta velocidad y una cámara digital

- Una cámara de video y un trípode (si no desea sostener la cámara toda la noche)

- Un aparato para medir campos electromagnéticos

- Un termómetro o scanner término infrarrojo

- Grabadoras de voz digitales y de cintas (para entrevistas y fenómenos electrónicos de voz)

- Un contador Geiger para medir filtraciones de radiaciones

- Monitores térmicos de video, que miden cambios insignificantes de temperatura y pueden mostrar fantasmas en el monitor (muy extravagante, pero si desea hacer las cosas bien, ¿por qué no?)

- Amplificadores de sonido que algunos cazafantasmas consideran que permiten escuchar mejor los Fenómenos Electrónicos de Voz (EVP, por sus siglas en inglés, aunque en zonas urbanas donde hay mucho ruido puede ser difícil identificar qué se está oyendo —no recomiendo este equipo)

- Botiquín de primeros auxilios

Preparación

Es preciso saber qué se busca. ¿Qué tipo de actividad se presenta en la propiedad? Si se busca un fantasma o poltergeist, ¿se relaciona con una época específica del pasado? ¿Desea comunicarse con un pariente o amigo del actual propietario? Antes de comenzar, asegúrese de tener una lista de verificación para mantener un registro de las siguientes preparaciones:

- Nunca busque un fantasma solo. Vaya siempre al menos con otra persona que le ayude.

- Antes de ingresar a la propiedad o de comenzar cualquier trabajo con lo paranormal, empiece siempre con una oración de protección.

- Asegúrese que todo el equipo que se dispone a usar tenga las baterías completamente cargadas y tenga baterías adicionales completamente cargadas. Recuerde que los fantasmas se alimentan de energía eléctrica.

- Establezca una ubicación central dentro de la casa para almacenar todos los equipos, baterías y linternas.

- Lleve siempre consigo una cámara y una linterna; de nuevo, lleve baterías adicionales.

- Registre condiciones significativas en su libreta, tales como la condición del clima o la condición eléctrica de la habitación o edificación.

- Sólo permita participar en la investigación a aquellas personas seriamente interesadas en el proyecto. No permita que extraños ingresen a la propiedad.

- Si tiene un grupo grande, divídanse en dos para que cada grupo pueda investigar diferentes zonas de la propiedad.

- Registre todas las actividades, incluyendo anormalidad de mediciones, ruidos extraños, luces espontáneas y sensaciones de ansiedad o temor dentro del grupo.

- Verifique constantemente el equipo para asegurarse de que aún funciona bien.

- Muestre respeto por los muertos y por los vivos que se encuentran en el sitio. Siga sus instintos. Si no se siente seguro, salga de inmediato.

- Cuando se disponga a partir, diga una oración de protección para bendecirse a sí mismo, a quienes lo acompañan y a cualquier fantasma que pueda haber encontrado.

Investigación

Si decide ponerse en contacto con espíritus a través del método que aquí se describe, por favor recuerde que buena parte de su éxito dependerá de qué tan bien comprende el proceso, incluyendo todos los términos técnicos y paranormales. También es posible que no obtenga las explicaciones que cree querer porque está en contacto con una dimensión completamente diferente. Asegúrese de poner en duda todo lo que experimente y confirmarlo con las otras personas que estén participando en la investigación. Asegúrese que todos estén en el mismo equipo y que esté presente alguien con experiencia. No busque fantasmas con cualquier persona. Este es un trabajo serio.

Cuando investigue con una organización paranormal, asegúrese que tenga las credenciales pertinentes para su investigación. ¿Las personas involucradas son investigadores profesionales o es la organización únicamente una afición? ¿Tiene la organización algún tipo de acreditación de la comunidad científica? ¿Durante cuánto tiempo ha operado? ¿Cuál ha sido su historia? ¿Ha tenido éxito en ponerse en contacto con fantasmas y espíritus? ¿Qué tanta evidencia ha recolectado?

Finalmente, ¿cuál es la razón de la organización para adelantar este tipo de trabajo? La intención es importante. Haga preguntas. Hoy en día, cualquier persona puede salir con una cámara y un equipo de sonido y decir que es un cazafantasmas. Si está invirtiendo tiempo y dinero en este proceso, asegúrese de emplear las personas indicadas. Las personas con quienes se trabaja son de la mayor importancia. Si no

saben lo que están haciendo, esto puede resultar extremadamente peligroso para todos los participantes.

FOTOGRAFÍA DE ESPÍRITUS

Así como los espíritus pueden hacernos saber que están ahí
a través de fotografías, también podemos disponernos deli-
beradamente a tomar fotografías de fantasmas. A menudo
durante mis talleres, los participantes me toman fotografías
cuando estoy en el escenario. Cientos, incluso miles de esferas aparecen en sus fotos. ¿Son fantasmas? Sí, creo que la
energía de los fantasmas ha sido captada.

Las cámaras son un elemento obligado en las expediciones
para buscar fantasmas. Muchos entusiastas de los fantasmas
han captado con éxito imágenes de ellos. Sin embargo, no es
necesario formar parte de un grupo de cazafantasmas para
que aparezcan imágenes de fantasmas en sus fotografías.
Cuando se trabaja en la fotografía de espíritus, el componente principal es la intuición. Es posible que sienta la necesidad de tomar una foto en un momento determinado o
dirigir la cámara a un ángulo en especial. Escuche su voz interior; deje que su instinto lo guíe. Cuando se intenta captar
fantasmas en una foto, recomiendo lo siguiente:

- Designe un fotógrafo. Únicamente una persona
  debe tomar la foto. Es posible que haya muchas
  otras personas presentes para ayudar a alimentar la
  energía, pero debe haber únicamente un fotógrafo,
  y esta persona debe ser la misma durante todo el
  evento.

- Nunca pida a un espíritu que se revele. Nunca se sabe qué puede aparecer. Tome la fotografía únicamente cuando sienta instintivamente que es el momento de hacerlo o cuando un fantasma se lo indique.

- Lleve más de una cámara y muchos rollos y baterías. Guarde todos los negativos o las tarjetas de la cámara porque en muchas ocasiones la imagen se formará después de ver la foto por primera vez.

Permítanme agregar algo que he notado sobre conservar fotografías de espíritus. La mejor manera de almacenar estas fotos especiales es en un lugar oscuro y cubierto, como una caja o un libro, porque a menudo tales fotos parecen seguir desarrollándose por sí mismas. En ocasiones, varios meses o incluso años después, la foto luce diferente de cuando se tomó por primera vez. Es posible que se adviertan luces o esferas alrededor de algo que no estaba allí cuando se tomó. Esto fue exactamente lo que sucedió con la fotografía del fantasma de mi cuñado Dennis. En un primer momento, mi hermana sólo podía ver su perfil, pero varios meses más tarde, cuando vi la imagen, lo podíamos ver con mucha claridad, así como a otros dos espíritus en el trasfondo. Uno de los espíritus se asemejaba a mi madre.

De nuevo, permítanme decir que el mejor lugar para fotografiar fantasmas, luces y esferas son los lugares donde hay gente. No se dirijan a un cementerio o a un solar vacío. Los fantasmas se encuentran siempre donde encuentran energía viva y vibrante, especialmente la energía de sus seres queridos.

LA DAMA DE LOS GATOS

Yo había asistido a un programa de televisión como invitado cuando Evan, uno de los miembros del equipo, se me aproximó sin aliento. Comenzó a hacerme muchísimas preguntas sobre los fantasmas.

"¿Cómo se puede deshacer de los fantasmas en la propia casa?"

Le sugerí que me explicara la situación.

"Un par de amigos míos se mudaron recientemente a una casa de los años treinta en Hollywood, y sucede toda clase de cosas extrañas".

"¿Qué cosas?"

"Fuertes ruidos. Puertas que se cierran con un golpe. Chirridos".

"¿Algo más?"

"Me dicen que han tenido problemas de plomería. Los tubos del agua estallan y toda la casa fue inspeccionada antes de que se mudaran. Yo mismo he sentido ráfagas de aire frío en algunas partes de la casa. Ellos sabían que usted se presentaría en el programa y me rogaron que pidiera su ayuda".

"Me parece que se trata de un fantasma atado a la tierra y yo me especializo en aquellos que han cruzado hacia la luz".

Evan parecía desalentado. Proseguí. "Pero iré con usted y trataré de determinar cuál es el problema y ayudar al espíritu a que avance".

La expresión de Evan se iluminó. "¡Fantástico! Se lo diré a mis amigos. Se sentirán muy aliviados".

Wally y Lisa Mackel me hicieron pasar al salón de su casa el día siguiente a las seis de la tarde. Cuando llegué me presentaron también a Marlene, Bert y Rob, un equipo local de cazafantasmas.

Pregunté a Lisa, "¿Por qué quieres que esté aquí si ya tienes un equipo de cazafantasmas?"

Lisa respondió, "Pensé que sería mejor que hubiera más personas para poder atrapar al fantasma".

Reí. "Una cosa no tiene nada que ver con la otra. Por lo general trabajo solo".

Creo que a Marlene, quien era evidentemente la líder del equipo de cazafantasmas, no le agradó mi comentario.

"Haré lo que quieran, pero debo pedirles que todos salgan de la habitación mientras trabajo". No quería que su entusiasmo o su temor interfirieran con mis esfuerzos.

Los miembros del equipo se encogieron de hombros y se marcharon a otro lugar de la casa.

Les expliqué acerca del mundo de los fantasmas y de cómo funcionaba. "Yo puedo sentir cuando se perturba la energía de un lugar. No puedo prometerles nada, pero haré lo que pueda para traer la paz a su hogar".

Mientras me encontraba con Lisa y Wally, un espíritu apareció con claridad al lado de Lisa.

"Aquí hay una persona llamada Ralph". Miré a Lisa. "Está en la luz y está vinculado contigo".

Lisa reconoció a Ralph. "Sí, es mi padre, quien falleció. Lo he invocado muchas veces para que me proteja a mí y a Wally de cualquier mal en la casa".

En aquel preciso momento, Marlene y su equipo pasaron por el salón. Marlene dijo en voz alta, "No estoy registrando ninguna energía de fantasmas al lado de ella".

"Es porque no eres un médium," respondí.

"¡Como quiera!" Marlene murmuró algo despectivo acerca de los médiums y las bolas de cristal.

"Ralph me dice que hay dos personas, un hombre y una mujer, que son quienes están causando los problemas". En cuanto dijo esto, Ralph se marchó rápidamente y nos dejó con más interrogantes.

Luego comencé a hacer mi ritual para limpiar una casa. Caminé por cada habitación y registré las impresiones que recibía. Puedo saber de inmediato si hay un desequilibrio de energía en determinado lugar o si hay un espíritu malévolo. Puedo también sentir la naturaleza emocional del fantasma. Comencé en la habitación principal donde todo parecía estar bien. Luego entré a la despensa de atrás donde sentí de inmediato la energía de una mujer mayor que estaba muy enojada por algo.

"Parece que permanece aquí, paseándose de un lado a otro".

"¡Sí!" dijo. "Los cajones se abren y se cierran todos los días a la misma hora. ¡Allí mismo!"

"¡*Wow!*" exclamó Marlene. "Qué maravilla, mira Lisa".

Marlene no sólo interrumpió mi investigación, sino que estaba interfiriendo con la energía de la habitación. Marlene no tenía buena energía. Le enseñó a Lisa y a Wally una esfera que Rob había captado con la cámara.

Entré al salón y vi de nuevo a Ralph.

¿Quién está atrapado en la casa? Le pregunté.

Me explicó, *Hay una mujer de los años veintes. Está muy enojada porque solía tener diecisiete gatos y no encuentra ninguno. Cree que alguien se los robó y no se marchará hasta que los encuentre".*

Pensé para mis adentros, *Entonces nunca se marchará.*

Ralph prosiguió. *Su esposo cruzó hacia la luz y viene para ayudarla a cruzar al otro lado, pero ella no lo ve porque está obsesionada con estos gatos.*

Cuando entraron Wally y Lisa, les dije lo que había dicho Ralph.

"Asombroso", dijo Wally. "Tendremos que averiguar quiénes eran los dueños anteriores",

Marlene entró de nuevo y advertí que había algo adherido a ella. Parecía ser una entidad de nivel inferior. No me atreví a decir nada.

Cuando pasó a mi lado dijo, "¿Gatos? Estás tan equivocado". Marlene y su "equipo de cazafantasmas" se marcharon, sin advertir en absoluto que había energía negativa adherida a ella y al camarógrafo. ¡Qué cazafantasmas!

Poco después de que se marcharon, comenzó la verdadera diversión. Wally, Lisa y yo estábamos sentados en el sofá mientras yo les explicaba la diferencia entre fantasmas atados a la tierra y aquellos que han cruzado hacia la luz. De repente ¡se abrieron dos cajones en la despensa de un golpe! Corrimos para ver qué había sucedido. De inmediato todos olimos un maravilloso aroma de gardenias. Luego sentí que algo cruzaba delante de mí.

"¡Ahhh!" gritó Lisa. Me miró y dijo, "Sentí que alguien pasaba a través de mí".

Cuando me disponía a ayudarla, la puerta principal se abrió de un golpe y chocó contra la pared. Esto nos sobresaltó a todos. Mientras miraba hacia la puerta, vi a un caballero de aspecto joven, vestido con un esmoquin, que extendía su mano. Comprendí que era el esposo de la anciana que había venido a llevarla al otro lado.

Rápidamente envié un pensamiento al fantasma atado a la tierra. *Ha llegado el momento de que sigas a tu marido a casa. Está aquí para rescatarte. Todos tus gatos están con él.*

Desafortunadamente, no recibí ninguna respuesta de parte de ella, así que no supe si mis palabras habían tenido algún efecto.

Mientras seguía mirando al esposo, varios gatos entraron a la habitación y lo rodearon. Era muy extraño. Parecía la hora de la cena en un refugio. Seguí enviando este pensamiento una y otra vez a la anciana. Pensé que para entonces ya debía haber visto sus gatos.

Luego el esposo sonrió y extendió la mano de nuevo. Supe que finalmente estaba saludando a su esposa.

Me volví hacia Wally y Lisa, pero ellos parecían saber lo que me disponía a decir.

"Se marchó, ¿verdad?" preguntó Lisa.

"Así lo creo", respondí.

"Es evidente. El ambiente se siente mucho más liviano".

Repliqué, "Es porque ella está donde debe estar".

La joven pareja estaba muy agradecida y me lo manifestaba una y otra vez.

"Preserven viva y alegre la maravillosa energía que han creado juntos en esta casa. Propaguen la idea de la vida después de la muerte".

Cuando me acompañaron a la puerta, Lisa encendió la luz del pórtico. Al mirar al suelo, me sobresalté. Allí, en el segundo escalón, había un pequeño pájaro marrón; tenía el cuello roto.

"Quizás uno de los gatos lo dejó aquí como una muestra de amor".

FENÓMENO ELECTRÓNICO DE VOZ

En algunas ocasiones, un fantasma puede materializar el sonido de su voz física en una cinta electromagnética, evento que se llama fenómeno electrónico de voz (EVP, por sus siglas en inglés). Los cazafantasmas han captado con éxito voces reales de espíritus usando grabadoras. Cuando se utiliza este método, el investigador debe colocar la grabadora en una "zona caliente" —el lugar donde se presenta la mayor actividad de los fantasmas. Cuando pasa la cinta, no se escucha nada. No obstante, cuando la cinta se devuelve, habitualmente a menor velocidad, pueden detectarse breves palabras o frases emitidas por el fantasma. Parece que la mayoría de los mensajes son benignos o absurdos, pero en ocasiones las palabras son perfectamente comprensibles.

Los fenómenos electrónicos de voz han sido grabados en todo tipo de aparatos electrónicos, desde grabadoras baratas y grabadoras de radioaficionados, hasta televisores y computadoras. He tenido el maravilloso placer de hablar con la fundadora de la Asociación Americana de Fenómenos Electrónicos de Voz (AAEVP, por sus siglas en inglés), Sarah Esteph, quien ha registrado cientos de horas de voces y susurros de espíritus. Dirige una organización increíble, conocida en todo el mundo, y realiza su trabajo con la máxima integridad y honestidad.

Si el EVP le interesa, debe ser consciente de que cuando quiera que explore el mundo invisible, es posible que obtenga más de lo que esperaba. Los mensajes que se transmiten pueden ser frívolos o sencillamente aterradores.

Nunca olvidaré el correo electrónico —y luego la cinta— que recibí en 1997 de parte de una joven extremadamente

perturbada que visitó mi página web para pedirme consejos.
Becky, quien desafortunadamente no sabía nada acerca de
EVP, era una música y una ingeniera de sonido aficionada
que trabajaba en un estudio casero en su casa en Santa Bárbara, California. Varias veces a la semana, bandas locales
grababan música en su estudio. Una noche, muy tarde, Becky
estaba trabajando en unas pistas que habían sido grabadas
aquella tarde. En la mitad de la segunda canción, escuchó
con claridad la voz de un hombre que decía rápidamente,
"¡Tu padre va a morir!" Becky escuchó la pista una y otra vez.
Las palabras habían sido pronunciadas en un tono de voz
muy bajo en la consola. Pensó que quizás uno de los miembros de la banda le estaba haciendo una broma. Así que, al
día siguiente, cuando llegó la banda al estudio, hizo que es-
cucharan la pista. Todos quedaron estupefactos.

Becky me dijo, "Mi padre y yo nos peleamos y no hemos
hablado en cuatro años".

"Eso es interesante", dije.

"Varios meses atrás, pensaba en él continuamente. Me
pregunté si debía comprar un boleto de avión y viajar a Iowa
a visitarlo, para que pudiéramos reconciliarnos".

"¿Lo hiciste?"

"El trabajo absorbía todo mi tiempo y mi energía. Nunca
regresé a casa".

"¿Reconoces la voz que aparece en la cinta?"

"No. No puedo identificarla".

Dos días después de nuestro chat en la web, Becky recibió
una llamada telefónica de su hermana en Iowa. Su padre
había muerto.

Era evidente para mí que un fantasma había tratado de
advertirla.

TABLEROS OUIJA

El tablero de espiritismo Ouija—o "tablero que habla," como se lo llamó originalmente— es probablemente la herramienta de adivinación peor comprendida en la historia. El tablero original apareció por primera vez a mediados de la década de 1800, durante el auge del espiritualismo. Por aquella época, el tablero consistía en una mesa grande, del tamaño de una mesa de comedor, con letras dibujadas en el borde exterior. Un indicador de forma triangular, o "*planchette*," se usaba para señalar las letras. La gente ponía los dedos sobre el indicador y formulaba una pregunta. El indicador se movía de una letra a otra, deletreando mensajes del mundo de los espíritus. Aun cuando el diseño y el aspecto del tablero han cambiado drásticamente durante los últimos cien años, todavía se utiliza de la misma manera para ponerse en contacto con el mundo de los espíritus.

En 1966, Parker Brothers comercializó el "Tablero Ouija" como un juego de familia dirigido a los niños. La compañía nunca reconoció realmente su validez como instrumento de adivinación. A medida que creció su popularidad, muchas personas advirtieron que no era un juego para niños en absoluto. Creo que el tablero Ouija ha sido objeto de muchos relatos falsos de posesión diabólica, influencia de entidades e incluso esquizofrenia, debido a la ignorancia, la desinformación y diversos sistemas de creencias religiosas.

En realidad, la Ouija puede utilizarse para ayudar a una persona a abrir su ser intuitivo. El principio es similar al de usar una bola de cristal, un péndulo, una vara mágica, las cartas del tarot, las runas o varias otras herramientas diseñadas para desarrollar la intuición. Al utilizar un tablero de estos por la razón correcta y de la manera adecuada, una persona puede aumentar su sensibilidad y obtener intuiciones espirituales. No obstante, si se lo usa incorrectamente, puede convertirse en una caja de Pandora, abriendo a quien lo usa a entidades inferiores, no evolucionadas y a energías negativas. Antes de dedicarse a cualquier tipo de trabajo metafísico, es preciso haber obtenido una plena comprensión del instrumento que se ha de utilizar y el respeto debido a lo que se le pide que haga. También es esencial crear una gran cantidad de protección.

Usé la Ouija por primera vez hace más de veinte años y nunca he tenido problemas de adherencia de fantasmas, posesiones ni nada de carácter negativo. De hecho, estoy seguro que muchos de ustedes se sorprenderán al saber que he desarrollado algunas de mis habilidades de discernimiento como médium trabajando con este tablero.

Poco después de mudarme a Los Ángeles, desde Nueva York, conocí a mi buena amiga y compañera de intuición, Carol Shoemaker. Estábamos una noche en su casa cuando me dijo, "¿Quieres usar el tablero?"

Le lancé una mirada vacía a Carol. No tenía la más remota idea de qué me estaba hablando. "¿Qué tablero? ¡El único tablero que conozco es la tabla de planchar!"

"No, tonto, el de la Ouija. Solía usarlo todos los fines de semana con mi tía Vinnie para saber qué ocurriría durante los meses siguientes. Era como escuchar el pronóstico del tiempo".

Al principio me mostré escéptico, pero sabía que Carol era una buena persona y que no estaba loca, así que acepté. Me dio un rápido curso para usar el tablero:

- Purifica el espacio encendiendo inciensos para mantener alejadas las energías inferiores, o *stragglers* como los
  llamaba.

- Pon un tazón con agua, el cual es un conductor de
  energía para los espíritus y les ayuda a transmitir sus
  mensajes. (Como nota al margen: ¿Han notado con
  cuanta frecuencia recibimos información intuitiva en
  la ducha o en la tina? El agua es un gran conductor de
  energía.)

- Enciende una vela para extender una luz de protección
  alrededor de todos los que participan.

- Pon una música suave de fondo. La música puede
  también elevar la vibración a un nivel superior.

- La segunda y más importante parte del ritual es
  meditar y centrarse durante algunos minutos.

Carol me dijo que me centrara en el amor y visualizara
una luz blanca a nuestro alrededor. Hicimos esto durante
diez minutos.

Dado que me habían educado como católico, me sentía
muy cómodo con el formalismo de los ritos y advertí que
este tenía todos los elementos de la misa católica. Comencé
a sentirme de maravilla y ligero. Cuando abrimos los ojos,
pusimos los dedos sobre el indicador. Carol explicó que los
espíritus se fundirían con nuestras auras y nos llevarían a
mover el indicador de una letra a otra.

"Probablemente sentirás su estado emocional y su personalidad", dijo.

Bien, estaba preparado. De inmediato, sentí una sensación increíble de cosquilleo en las manos. Miré a Carol.

Ella preguntó, "¿Sientes eso?"

"Ah, sí, siento como alfileres y agujas".

De repente el indicador comenzó a girar a una increíble velocidad. Casi resultaba imposible sostenerlo.

Miré asombrado a Carol. "¿Estás haciendo eso?"

"No James, es el espíritu. Hacen eso para acumular energía antes de poder hablar".

Sentí que una deliciosa electricidad me invadía. Sentí también una asombrosa cantidad de amor.

Carol y yo miramos el tablero, que comenzó a deletrear palabras.

JAMES SOY ÁNGEL DE AMOR. SOY TU GUÍA ESPIRITUAL. TRABAJARÉ CONTIGO PARA LLEVAR A OTRAS ALMAS A LA LUZ DE LA COMPRENSIÓN Y DE LA VERDAD.

Sentí como si hubiera tenido amnesia y esto fuera un recuerdo de mi vida espiritual. Se sentía tan real y adecuado.

La sesión se prolongó durante algunas horas. Aparecieron otras almas, tales como el padre de Carol, su tía Vinnie y mi abuela, y nos hicieron "pronósticos" acerca de nuestro futuro. Muchas de estas profecías se han hecho realidad.

Le agradecí a Carol. Sentía que había descubierto una parte completamente nueva de mi ser. Usamos el tablero algunas veces al mes durante muchos años y ciertamente contribuyó a mi desarrollo espiritual.

Unos pocos días después de aquella primera sesión, es-

taba conociendo una librería dedicada a la nueva era. Cuando
me acerqué a la mesa de ventas al lado de la registradora, vi
una cinta de música espiritual titulada *Angel Love*. Así que la
compré.

SUEÑOS

Cuando doy un taller, una de las preguntas que le hago al
público es, "¿Cuántos de ustedes han soñado con un ser querido que ha fallecido?" Cerca del 90 por ciento de las personas habitualmente levantan la mano. Todos coinciden en
afirmar que, cuando sueñan con su ser querido, el sueño parece extremadamente real, y parece ser mucho más que un
sueño. Algunos admiten que no quieren siquiera despertar.
Esto es muy comprensible. Creo que la experiencia se siente
tan real porque en la noche, cuando dormimos, nuestros
cuerpos espirituales abandonan el cuerpo físico y van al otro
lado. Visitamos a nuestros seres queridos, guías, mascotas y
almas gemelas de otras épocas.

Habrán escuchado la expresión "Si tienes un problema,
consulta con la almohada". Creo que podemos evaluar mejor
cualquier problema cuando estamos por fuera de la realidad
consciente, donde podemos comprender la plena naturaleza
de la experiencia desde el lado espiritual de la vida.

Si deseamos ponernos en contacto con nuestros familiares de una manera segura y sencilla, podemos pedirles que
aparezcan en nuestros sueños justo antes de dormir. En unos
pocos días, o quizás en una semana, los veremos. Recomiendo también mantener un diario de sueños al lado de la
cama para poder escribir rápidamente las experiencias que

se tienen cuando se duerme. Cuanto más tiempo transcurre después del sueño, más probable será que comencemos a olvidarlo.

Si quieren conocer a su guía espiritual, pídanle que aparezca en sus sueños y les diga qué tipo de guía es o en qué consiste su trabajo. Créanme, funciona.

Incorporo una técnica en uno de mis CDs de meditación que ayuda a los estudiantes a conocer a sus guías. No puedo decirles cuántos correos electrónicos he recibido de personas que me dicen que no sólo pudieron ver a sus guías, sino que algunos se sorprendieron al ver quién aparecía.

Una señora se sintió un poco exasperada con el ejercicio. Decía que había escuchado el CD todas las noches antes de irse a la cama y que cada mañana despertaba soñando con su perro muerto.

Se escandalizó cuando le dije, "Su perro es probablemente uno de sus guías".

"¿Para qué?" preguntó. "¿Cómo puede un perro ser un guía?"

"Pues bien, piénselo", repliqué. "Una de las características más entrañables de un perro es la protección. Tu perro te está protegiendo desde el otro lado".

Cuando la señora se dio cuenta de que su amada mascota la cuidaba, sintió una sensación de alivio al saber que nunca estaba sola.

LOS MÉDIUMS

Un médium es una persona que puede ponerse en contacto con el mundo espiritual a través de fenómenos psíquicos que pueden ser de carácter físico o mental. Como médium mental, tengo diversas habilidades para comunicarme con el más allá, las cuales incluyen:

- *Clarividencia*: Conocida comúnmente como "segunda visión", la clarividencia es la manera mediante la cual un médium puede ver fantasmas, figuras, imágenes o símbolos visualmente en el ojo de la mente (el sexto *chakra*).

- *Clariaudiencia*: Utilizando esta forma de contacto, un médium puede escuchar las voces de los espíritus como sonidos o leer los pensamientos de un espíritu que entra a su mente (quinto *chakra*).

- *Clarisentencia*: Esta es la forma más común de mediación mental. Un médium puede sentir la energía de un espíritu, así como su estado emocional y su personalidad.

El otro tipo de mediación es la mediación física. Un médium que posea esta habilidad es más difícil de encontrar hoy en día. Es un don fenoménico con los siguientes atributos (tercer *chakra*):

- *Transfiguración*: Un espíritu superpone su cara en la cara del médium y las personas que se encuentran en la habitación pueden ver las características visibles de la cara de la persona fallecida.

- *Apariciones*: Objetos completamente sólidos pueden materializarse de la nada a través de un médium físico.

A menudo los fantasmas pueden hacer aparecer monedas, flores, llaves o piedras.

- *Escritura automática*: Un médium físico puede escribir mensajes bajo la influencia de un fantasma. Dependiendo de la cantidad de fusión que haya entre el fantasma y el médium, muchas veces la propia caligrafía del fantasma puede aparecer.

- *Trance o canal de trance*: El médium cae en un trance, permitiendo que el espíritu asuma el control de su cuerpo. Hay muchos grados de trance, de profundo a leve. El trance profundo es la manera óptima para que un espíritu se manifieste completamente.

- *Materialización*: Bajo las condiciones adecuadas, un espíritu absorbe una sustancia etérea conocida como ectoplasma del médium, y de quienes lo rodean, y manipula este ectoplasma de manera que el espíritu asume una forma física.

- *Voz directa*: De nuevo, en este caso un espíritu absorbe ectoplasma de un médium y crea una caja de resonancia artificial. El espíritu concentra sus energías a través de esta caja de resonancia y habla con voz humana.

EL MÉDIUM FÍSICO LESLIE FLYNT

Cuando estaba desarrollando mis habilidades como médium, tuve la maravillosa experiencia de hacer espiritismo con un alma muy bondadosa. Brian E. Hurst fue el primero en descubrir mis capacidades. Todos los veranos Brian invitaba a Leslie Flynt, el médium físico al que mencioné antes en el libro. Leslie tenía más de setenta años y rara vez hacía sesiones con otras personas, pero cuando viajaba a los Estados Unidos solía hacer una sesión para Brian y varios otros invitados. Yo tuve la fortuna de ser invitado a varias de aquellas increíbles sesiones. Asistí a cuatro de ellas y cada vez me invadía una sensación intensa de anticipación e incertidumbre. Ciertamente se requería valor para sentarse en la oscuridad y escuchar voces de otro mundo, pensando en qué dirían.

Eran cerca de las siete de la noche y estábamos diez personas apiñadas en la pequeña habitación de atrás de la modesta cabaña de Brian en Irving Place en Hollywood. Debido a que Leslie era un médium físico de "voz directa", la habitación debía estar completamente desprovista de luz para que el ectoplasma se manifestara. Recuerdo estar sentado en uno de los sofás con un hombre a la derecha y una mujer a la izquierda. Estábamos en la mitad del verano así que el calor del día aún permanecía en la habitación.

Brian apagó todas las luces y de inmediato me sentí transportado a mi infancia, cuando nos sentábamos en una carpa en el sótano e intercambiábamos historias de fantasmas, cada una más aterradora que la anterior. Como adulto, encontraba aún más extraño estar sentado en la oscuridad total aguardando a los fantasmas. Esto era real y me sentía extremadamente incómodo. Lo único que podía escuchar era la respiración de los demás que aguardaban a que un fantasma hiciera contacto con nosotros. Conversamos durante los siguientes veinte minutos mientras el ectoplasma salía lenta y delicadamente de la nariz y la boca de Leslie, creando una laringe artificial. De pronto sentí un intenso frío alrededor

LOTTO

67647 365-034327563-080429
TUE NOV25 08   18:28:13

A. 13 33 35 48 50 56   QP
B. 09 23 28 39 45 47   QP

CASH VALUE

WED NOV26 08
$ 1.00
67647 365-034327563-080429
017322

TURKEY RAFFLE NOW ON SALE
MEGA MILLIONS JACKPOT
NOW $96 MILLION.
RESULTS WWW.NYLOTTERY.ORG

de mi cuello que luego bajaba por la pierna. Me estremecí, no por aquel frío inesperado, sino más por lo que representaba. Otras personas lo sintieron también.

Alguien preguntó, "¿Sintieron ese frío?"

Otra persona dijo, "¿Escucharon eso?"

Moví rápidamente la cabeza de un lado a otro.

"¿Alguien ha visto un fantasma?" pregunté.

"No, aún no", respondieron varios en coro.

De repente un sonido agudo y penetrante rasgó el aire, haciendo que algunos de nosotros saltáramos del sofá. Luego una voz gritó en la oscuridad.

¿Me escuchan ahora? Era el acento distintivo de Mickey, el guía espiritual de Leslie. Mickey era un niño que voceaba los periódicos a comienzos de la década de 1900. Fue atropellado por un caballo trasladando una carreta y murió. Mickey era el control de Leslie, quien organizaba a los espíritus que se dirigirían a nosotros.

Desde el centro del techo, podía escuchar la voz de Mickey. *Oye, ¿eres tú, Ursula? Eres muy divertida, ¡realmente!*

"Gracias, Mickey. Me alegro que te divierta", respondió Ursula.

"¿Qué?" exclamó él.

"Me alegra que me encuentres divertida", repitió.

¡Ah sí, te encuentro terriblemente divertida! ¡Ja!

Mickey era muy ruidoso. Estábamos en una habitación tan pequeña que su voz parecía resonar como la del director de un circo.

Leslie observó, "Mickey parece tener mucha energía esta noche".

Entre tanto, yo estaba maravillado por toda aquella situación. Definitivamente, estaba en rumbo rápido a lo desconocido y la experiencia era una de aquellas experiencias únicas que suceden sólo una vez en la vida.

Mickey hizo un comentario personal a cada uno de los que nos encontrábamos allí. Cuando llegó a mí, exclamó, *Sí, eres James. ¿Te han dicho alguna vez que eres un psíquico?*

"Sí, me lo han dicho, Mickey", respondí nervioso.

Sin una pausa, chilló, *Bien, entonces, ¿qué estás haciendo al respecto?*

"Asisto a un círculo de desarrollo", contesté y él se desvaneció.

Fue una experiencia tan asombrosa que me detuve a digerir qué acababa de suceder. Cuando me di cuenta de que aquella voz era real, comencé a temblar y a sudar.

Mickey estableció comunicación con varios otros fantasmas que deseaban ponerse en contacto con alguien del grupo. Yo permanecí en silencio, esperando que alguien a quien yo conociera se comunicara y yo pudiera demostrar de una vez por todas que lo que estaba escuchando era real.

Y entonces sucedió. Una voz masculina francesa llamó, *¿Pueden escucharme? ¿Pueden escucharme? Quiero hablar con James. Quiero hablar con James.*

Casi me desmayo. ¿Quién rayos era aquel francés, y qué me quería decir?

James, eres una persona sensible, creativa, un psíquico. Sabes, cuando estaba en tu mundo, yo también era una persona creativa. Era un artista. James, nosotros estamos trabajando contigo. Tenemos grandes planes para ti, amigo. No entenderás lo que te estoy diciendo ahora, pero con el tiempo lo harás. Te estamos observando, amigo. ¿Puedes escucharme? Algún día escribirás un libro y ayudarás a mucha gente. Cruzarás el mar para ayudar a muchas personas. ¿Me comprendes?

Yo estaba tan nervioso; recuerdo que pensé, *Espero que alguien esté grabando todo esto.* Por suerte, así fue.

Luego pregunté, "¿Está mi madre ahí?"

El francés dijo, *Espera.*

Luego Mickey interrumpió. *¿Tenía tu madre problemas en el pecho?*

"Sí, Mickey, así es. ¿Está ahí?"

Desde luego que está aquí. Espera, respondió.

El momento que había estado aguardando finalmente llegó. Escuché la voz de mi madre. *Jaime... Jamie, ¿puedes escucharme?*

Comencé a llorar. No había escuchado su voz desde que había muerto tres años atrás.

"Sí, te escucho, mamá."

Ella prosiguió, *Te amo. Te amo. Te amo.*

Luego la energía comenzó a desvanecer y ella desapareció.

Aquella noche tuve una de las experiencias más afortunadas de mi vida. Nunca la olvidaré, y tengo la grabación que me permite vivir de nuevo cada momento. Lo asombroso es que la información que me dio el francés no tenía ningún sentido para mí en 1987, pero sí ciertamente lo tuvo después de que publiqué mi primer libro, *Talking to Heaven*, en 1997. Y tuve que cruzar el mar para promover el libro.

Lo anterior nos demuestra que nunca sabemos quién está cerca, pero les aseguro que siempre hay un fantasma que cuida de nosotros.

DIEZ

Protección

Cuando la gente se entera de que puedo hablar con los muertos, lo primero que preguntan es, "¿Hay alguien cerca de mí ahora?" Lo siguiente que noto es aquella mirada innegable del "ciervo iluminado por los faros de un auto". Los ojos se abren de terror cuando me lanzan la segunda pregunta. "¿No te atemoriza?" Parece que los vivos, aun cuando curiosos, son también extremadamente impresionables en lo que se refiere a estar rodeados por un mundo invisible de seres.

¿Por qué se asusta tanto la gente? ¿Podría ser que todas esas películas de terror han contaminado nuestro sistema de creencias y nuestros puntos de referencia? ¿O será porque siempre tememos a la muerte y a morir?

¿Deberíamos temer a los fantasmas? ¿De qué exactamente creemos que debemos protegernos? El conocimiento es poder, y si sabemos más acerca de los fantasmas, no sentiremos temor cuando los sentimos entre nosotros.

A lo largo del libro, he afirmado que todo es energía, incluyendo nuestros pensamientos. Con el sólo hecho de pensar en alguien, nos concentramos en esa persona y le enviamos energía directamente. Estas formas vivas de pensamiento no pueden ser detectadas por nuestros cinco sentidos. Si alguien nos manda pensamientos emocionales negativos, tales como *Te odio,* o *Eres un perdedor y no llegarás a nada,* es posible que sintamos el efecto de estos pensamientos aunque no conozcamos su fuente. Pensamientos negativos pueden entrar a nuestro campo de energía, o aura, y si no estamos adecuadamente protegidos, estas formas negativas de pensamiento pueden desarrollarse gradualmente en nuestra mente y en nuestro cuerpo. Sus resultados pueden ser perjudiciales para nuestro bienestar y paz mental. Estamos bajo lo que se conoce como "ataque psíquico."

¿Cómo sabemos si estamos siendo objeto de un ataque psíquico? Habitualmente, el desarrollo de la energía negativa toma cierto tiempo, pero cuando aumenta puede ser diagnosticada a través de los siguientes síntomas: nos sentimos irritados con facilidad, experimentamos rachas de insomnio, depresión o enojo injustificado, nos sentimos excesivamente agotados y tenemos continuos pensamientos de temor y de pérdida de control. En cierto sentido, no "somos nosotros mismos" y, la verdad es que no lo somos. Estamos siendo influenciados por la energía negativa que ha penetrado nuestra aura. Esta energía se ha filtrado a todas las partes de nuestro ser y ha nublado nuestro juicio. Un ataque psíquico afecta todas las dimensiones de nuestra vida —emocional, física, mental y espiritual.

Durante el programa que realicé, *Beyond,* el horario era extenuante. Grabábamos cuatro programas al día, dos en la mañana y dos en la tarde. Cada programa incluía dos lecturas individuales para personas elegidas de antemano por el equipo de producción. Para mantener intacta la integridad del programa, yo no participaba en la selección de estas personas. Mi oficina estaba separada de las del resto del personal de producción, y yo sólo estaba en contacto con los productores el día de la grabación. En retrospectiva, habría deseado poder intervenir más en la forma como los productores seleccionaban las personas y las situaciones porque las lecturas eran inusualmente emocionales e iban desde el asesinato de todos los acompañantes en una boda, hasta una madre que había ahogado a sus hijos hasta matarlos. Sobra decir, yo me encontraba abocado a todo tipo de situaciones perturbadoras y me sentía como un cristiano que lo lanzan a la jaula de los leones. Era muy difícil para mí formar parte de un programa que involucraba comunicación con los espíritus mientras quienes producían el programa no tenían idea de la naturaleza sensible de un médium ni de los efectos perjudiciales de la energía emocional inestable de otras personas.

Desafortunadamente, el carácter de la televisión es sensacionalista y los productores detentan todo el control. Puesto que la productora ejecutiva de *Beyond* no podía predecir el resultado de mis lecturas, había dado instrucciones a los productores del segmento (sin que yo lo supiera), de que hallaran personas en situaciones graves y desesperadas. Suponía que en cuanto más emocional y complejo fuese un evento, más probabilidades habría de obtener una comunicación clara y precisa. Es posible que la complejidad no se transmitiera, pero excepcionales dramas humanos sí.

Incluso con años de experiencia, no podía predecir lo que estas situaciones negativas y angustiantes tendrían para mí. Dado que debía abrirme al mundo de los espíritus, invitaba todo tipo de energía a mi aura. Estaba constantemente centrándome y apoyándome a través de técnicas de meditación y de visualización, pero la exposición a una energía tan negativa me dejaba, sin embargo, vulnerable, en una terrible agitación emocional. A pesar de toda la protección de la que me rodeaba, la constante descarga de energía negativa, hiriente y dolorosa afectaba mi psiquis. Era como si fuese el blanco de un campo de tiro y llevara solamente un chaleco antibalas.

Después de varios meses de comunicarme con homicidas, suicidas y otras formas de depravación y destrucción humana, me era imposible dormir bien. Había dejado mi dieta y comía cosas que nunca antes había consumido. Me irritaba por cualquier cosa. Nunca pensé que mis agotados sentimientos se debieran a las lecturas. Suponía que estaba exhausto por las largas horas de grabación y por el caótico horario. No obstante, era mucho más que eso.

Al final, pedí una cita a mi buen amigo Michael Tamura, un afamado sanador psíquico. Michael tiene un gran talento, no sólo para extraer energía al nivel psíquico, sino también para identificar sus características y su fuente. Durante la sesión de dos horas, Michael se deshizo de varias capas de energía que pertenecían a muchas personas muertas. Lo que me sorprendió, sin embargo, fue la cantidad de energía que extrajo de las personas que se encontraban dentro del público que tenían extrañas expectativas acerca de lo que yo podía revelarles. La energía más interesante que Michael extrajo de mi aura era la energía del temor de los ejecutivos de la cadena de televisión y de los productores del programa. Michael me explicó que una de las productoras había sido desvalorada de niña, y "necesitaba" que la serie de televisión fuese un éxito para poderse sentir tan exitosa como sus compañeros.

Sin más, me asombraron los hallazgos de Michael. Después de su intervención de sanación, me sentí de nuevo como solía ser. Rachas de energía increíble invadían mi cuerpo. Aquella fue la primera noche que dormí bien desde hacía meses y me sentía menos irritable e impaciente que antes. (Describiré la técnica de protección de Michael en otro lugar de este capítulo.)

Michael me recordó algo que yo sabía pero que había olvidado usar para mi propio bien. Cuando damos nuestra energía a otros, debemos recuperarla, de lo contrario, al final sentimos que nuestra energía se agota. Desde aquel momento, cuando hago una lectura, aquella misma noche medito sobre esta persona y visualizo que mi propia energía sale de ella y regresa a mí. ¡Funciona! Nunca más he sentido esta tremenda sensación de agotamiento e irritación.

FANTASMA AL ACECHO

Creo que un fantasma puede invadir el aura de una persona e influenciar el vehículo físico con el fin de revivir una experiencia física particular. En el capítulo anterior, expliqué cómo un fantasma puede tener una influencia perjudicial sobre los vivos cuando hablé de la posesión. Cuando un fantasma invade nuestro espacio, podemos sufrir frecuentes jaquecas, dolores inusuales en el cuerpo, indigestión y problemas estomacales, dolor de oído, dolor de garganta y depresión. Es posible que la persona tenga pensamientos y comportamientos atípicos o sueños y pesadillas especialmente anormales.

Hay muchos indicios claves que pueden alertarnos sobre la presencia de un fantasma en nuestro espacio físico:

- El ambiente de la habitación parece oscuro o denso. Cuando entro a un lugar donde hay mucha actividad de fantasmas, la habitación se siente un poco pesada, como si caminara entre alquitrán.

- Hay picos de electricidad inexplicables en su casa o en máquinas y aparatos, como luces, computadoras, televisores, radios, puertas de garajes y jacuzzi. Si los aparatos en su casa se encienden y se apagan solos, puede estar seguro de que está compartiendo su espacio con una entidad atada a la tierra.

- Hay un olor distintivo en la habitación o el aroma de un perfume que resulta irreconocible.

- Los cambios de temperatura son también un signo diciente. Se sienten sitios fríos en una zona especial de la casa. Es posible que sienta ráfagas de aire frío a su alrededor, la piel erizada y escalofríos. Lugares fríos y brisas de aire cuando las ventanas y las puertas están cerradas, o la calefacción está encendida, son un signo seguro de que un fantasma está absorbiendo energía en esos lugares.

- Siente que alguien lo observa cuando no hay nadie alrededor.

- Siente como si alguien lo hubiera tocado.

- Escucha sonidos como si golpearan, pasos, golpes, voces, susurros o música.

- Por el rabillo del ojo, ve luces que parpadean. Estas se conocen como luces de espíritus.

- Los objetos de su casa se han trasladado de un lugar a otro sin que usted los haya tocado. O hay objetos que desaparecen por completo y nunca los encuentra de nuevo.

- El agua de su casa se abre y se cierra sola.

- El comportamiento de su mascota parece extraño. Ve que su perro o su gato contempla fijamente algo en el aire que no está allí.

- Advierte impresiones o hendiduras en la cama, el sofá o las sillas que no estaban allí antes.

- Suena el teléfono y nadie responde, pero se escucha mucha estática.

- Tiene pensamientos que no son propios, como sucedió con mi amiga que no fuma y sentía la necesidad urgente de comprar cigarrillos.

EL FANTASMA ENOJADO

El término "poltergeist" viene del alemán y significa "espíritu ruidoso". Inicialmente se introdujo a la corriente principal vernácula con la popularidad de la película *Poltergeist* de

Steven Spielberg en 1980. Los tipos de actividad asociada con los poltergeists incluyen extraños ruidos, objetos que se mueven o desaparecen y olores desagradables. Quizás debido en parte a como se describen los espíritus en las películas, muchas personas creen que la actividad de los poltergeists se relaciona con un fantasma enojado o con un fantasma que desea mucha atención. Creo que un poltergeist no es necesariamente un fantasma malévolo, sino quizás uno que puede reunir suficiente energía del ambiente para manifestarse de una manera fuerte y evidente.

La actividad de los poltergeists habitualmente se da de manera muy abrupta y termina de la misma forma. Hasta la fecha, nadie sabe por qué. Incluso los científicos paranormales que estudian tal actividad debaten el origen de la actividad, así como el origen del mismo poltergeist. Muchos creen que la mayoría de estos casos giran en torno a lo que se conoce como un "agente". Un agente es una persona viva, habitualmente una mujer o un niño, que parece evidenciar una enorme cantidad del fenómeno conocido como psicokinesis, causada por la mente subconsciente de la persona. En otras palabras, la mente de alguien es lo suficientemente activa como para hacer que los objetos vuelen por la habitación. Es un fenómeno bastante raro. No obstante, creo que la mente es capaz de cualquier cosa.

Hace varios años, me encontraba en el mercado naturista local, paseando por los pasillos, buscando dentífrico. De repente sentí que me tocaban el hombro. Me di vuelta y un hombre bastante alto y delgado, de cabellos castaños, de aproximadamente treinta años, estaba delante de mí. Parecía extremadamente nervioso.

El hombre tartamudeó, "Ahh... por favor discúlpeme, eeemm... pero ¿es usted el señor Praagh?"

"Van Praagh", le corregí.

"Por favor disculpe que lo moleste, pero lo reconocí por el programa de televisión y pensé que usted podría ayudarme".

"Ya no hago lecturas privadas", le dije.

"Yo... en realidad no deseo una lectura. Al menos no lo creo, pero no sé a quién más recurrir".

Pude detectar el tono de desesperación en su voz.

"Respire profundo", le dije. Luego le sugerí que saliéramos hacia un costado de la tienda donde había algunas mesas para poder sentarnos y conversar.

Mientras nos dirigíamos a aquel lugar, el hombre me agradecía continuamente que le dedicara el tiempo para hablar con él.

Cuando nos sentamos dijo, "A propósito, me llamo Mike. Vine a buscar unas velas o un incienso que pudiera alejar a los espíritus malignos".

"¿Por qué cree que hay espíritus malignos a su alrededor?"

"Porque mi esposa y yo hemos estado afectados por una cantidad de cosas extrañas en la casa, como objetos que se mueven y terribles olores. Incluso hemos escuchado voces. ¿Qué más puede ser?"

"Comencemos por el principio. Dígame exactamente qué ocurre".

"Mi esposa Hanna, y yo nos mudamos a Long Beach hace dos años. Yo heredé la casa de mi padre después de una larga e intensa batalla jurídica. Finalmente, me dieron la casa".

"¿Cómo era la relación con su padre antes de que muriera?" pregunté.

"Excelente", respondió Mike. "Mi padre y yo siempre nos llevamos bien".

"Entonces, ¿por qué hubo un problema para recibir la casa?"

"A causa de mi madrastra. Ella quería quedarse con todo el dinero y las propiedades de mi padre, pero no tenía derecho a todo. Me demandó para conservar la casa".

"¿Tiene una relación cordial con ella ahora?" proseguí.

"No. No nos hablamos. Especialmente después de lo que le hizo a mi padre. Creemos que intentó envenenarlo".

"¿Verdad?" dije asombrado. "¿Cómo lo sabe?"

Mike explicó. "Cuando fuimos a visitarlos, yo encontré unas sustancias letales en la despensa de la cocina".

Yo estaba bastante sorprendido y le pedí a Mike que continuara hablándome de la casa que había heredado.

"Desde que mi esposa comenzó su sexto mes de embarazo, ninguno de los dos hemos dormido una noche completa. Hay tanto ruido en la casa que nos mantiene despiertos". El hombre comenzó a llorar. "Es nuestro primer bebé y estamos preocupados que esta cosa, lo que sea, esté detrás de nuestro bebé". Me miró con los ojos llenos de lágrimas. "¿Qué voy a hacer?"

Sentí una puñalada en el corazón al pensar que algo tratara de atacar a un bebé, pero tranquilicé a Mike lo mejor que pude.

"¿Puede ser más específico sobre los ruidos y disturbios en la casa?"

"Todas las noches, en realidad hacia la una de la mañana, las luces del pasillo se encienden y se apagan. Escuchamos el sonido de alguien que solloza y golpes en la habitación de atrás. Es la habitación que pensábamos usar para el bebé. Esto dura cerca de quince minutos. Todas las noches me levanto y voy a la habitación. Siempre siento algo extraño, como si alguien me observara. La piel se me eriza cada vez".

"¿Cuánto tiempo hace que esto sucede?"

"Cinco semanas. Incluso llamé a la Iglesia Católica local, pero a los sacerdotes no les interesa lo que les digo".

Mike vaciló. "¿Cree que podría ser mi padre? Quizás no está contento con los planes que hemos hecho para cambiar la casa".

"Es posible", dije, "pero dudo que él causara este tipo de perturbación. La única manera es que yo vaya y lo vea por mí mismo".

Anoté el número telefónico de Mike y, unos pocos días más tarde, lo llamé para programar una visita a su casa cerca de Belmont Shore en Long Beach.

Una semana después, a las seis de la tarde, llegué a la casa de Mike y Hanna. Hubiera preferido encontrarme con ellos a la una de la mañana, cuando sucedían realmente las cosas, pero como era tan tarde, acordamos una hora más razonable. Hanna, quien estaba muy embarazada, me recibió.

"He tenido los más extraños sueños", dijo. "Hay uno en particular que tengo con mucha frecuencia. Veo una casa en un árbol que cae del árbol y se estrella contra el suelo".

"¿Puedo dar una vuelta por la casa y ver si siento algo?" pregunté.

"Desde luego", sonrió Hanna.

Mientras me paseaba de una habitación a otra, no sentí nada especialmente inusual o siniestro. La energía se sentía tan normal como en cualquier otra casa. Sin embargo, cuando llegué a la habitación de atrás, sentí un aire frío cuando entré. Sentí como si la habitación no perteneciera al resto de la casa. De repente sentí una gran ansiedad y no veía el momento para salir de allí. Regresé al salón y me senté. Contemplé fijamente a Mike, esperando que su padre fallecido apareciera y pudiéramos encontrar la razón de aquellas perturbaciones, pero su padre nunca apareció.

Miré a Hanna y no obtuve mucho de ella, excepto un nombre.

"¿Significa el nombre Annabelle algo para ti?"

"No", replicó.

Luego capté una sola cosa más. "¿Enlatar tomates te recuerda algo?"

"Lo único que sé", dijo Hanna, "es que mi abuela vivía en una granja en Iowa, y yo solía escuchar historias acerca de cómo enlataba toda clase de cosas. Los tomates eran su especialidad".

Parecía tan traído de los cabellos, pero era lo único que me llegaba. No sentía que los ruidos estuviesen relacionados con su abuela en absoluto.

"Quiero que ambos lleven un diario, y que sean lo más específicos posible, relatando todo lo que ocurre".

Luego les ayudé a limpiar psíquicamente la casa, aun cuando, con toda sinceridad, no sentí ninguna mala energía excepto en aquella habitación. Pensé que de todas maneras serviría y, desde el punto de vista psicológico, limpiar la casa podría aliviar sus temores.

Cerca de cuatro meses después, Mike llamó. "Es un niño. Le pusimos Walter, como mi padre".

Mike habló sobre el bebé, pero pude sentir que algo no marchaba bien.

"¿No tuvieron más problemas en la casa?"

Mike vaciló. "No, bien, no realmente. A decir verdad, nos consideramos muy afortunados".

"¿Qué quieres decir?"

"Bien, cuando llevamos a Walter a casa, los ruidos comenzaron otra vez, peor que antes. Los muebles de la habitación del bebé se movían de maneras realmente extrañas. En un momento dado, pensamos que habíamos escuchado una voz que llamaba 'Anna.' Hanna y yo estábamos asustados y decidimos mantener a Walter con nosotros en nuestra habitación. Tres días después de haber llevado a Walter a casa, hubo una terrible tormenta y el viento hacía sonar todo en la casa. A la una de la mañana, escuchamos un terrible estruendo. Hanna y yo corrimos a la habitación de Walter y estábamos asombrados con lo que vimos. Un árbol había caído por el tejado exactamente sobre la cuna de Walter. Si Walter hubiera estado allí, habría muerto".

Sobra decirlo, la historia de Mike fue una gran sorpresa para mí. Era como escuchar una historia del noticiero.

Mike prosiguió. "Luego todo fue aún más extraño".

Recuerdo haberme sentado para escuchar el resto de su relato.

"¿Recuerdas el mensaje que nos diste acerca de la abuela de Hanna?"

"Sí. Sobre enlatar tomates. Lo recuerdo".

"Hanna le preguntó a su madre acerca del nombre Annabelle. Su madre le dijo que Annabelle era el nombre de su hermana mayor que había muerto en la cuna. La abuela de

Hanna se culpaba por la muerte del bebé y nunca pudo per-
donárselo. Creemos que debió ser la abuela de Hanna que se
quería asegurar que Walter estuviese protegido. Estaba tratando de advertirnos con ruidos y pesadillas".

"No, no creo que fuese la abuela de Hanna. Creo que fue
la bebé, la propia Annabelle, quien deseaba proteger al pequeño Walter".

"Pensándolo bien," replicó Mike, "anoche Hanna soñó
con una niña que jugaba en una casa en el árbol y dijo que la
niña sonreía todo el tiempo".

Esta historia de fantasmas terminó en una nota positiva
porque la pequeña Annabelle quería proteger al nuevo bebé.
No obstante, he recibido cientos de cartas de personas que
han tenido experiencias muy diferentes y bastante tristes
con poltergeists que cierran las puertas de un golpe, mueven
los muebles, chillan y gritan. Se requiere una enorme cantidad de energía para que los fantasmas atados a la tierra se
manifiesten de maneras tan aterradoras. Si este tipo de fenómeno se da en su casa, sugeriría que consulte a una persona respetada en el campo de lo paranormal y que se ocupe
de aterrizar y centrar la energía.

No obstante, antes de decidir si hay un poltergeist, asegúrese de que la actividad no provenga de una persona con
mucha energía psicokinética. Si este tipo de actividad se ori-
gina en una persona viva y no en un fantasma, es preciso que
esa persona aprenda técnicas para controlar estos estallidos
y para encausar esta energía de una manera positiva. El
mejor consejo que puedo darles es que se aseguren de protegerse. Recuerden que la energía negativa puede entrar únicamente si la propia energía está debilitada. La oración y la

meditación son las mejores maneras de fortalecer nuestro campo energético. No deben tener miedo, únicamente estar alerta. A continuación presento algunos ejercicios que se pueden realizar para proteger el aura de la energía negativa.

¿QUÉ ES EL AURA?

En primer lugar, quisiera explicar qué es el aura. El aura, o lo que me agrada llamar nuestro "espacio sagrado", es el campo electromagnético de energía que rodea y abarca la atmósfera de cualquier cosa viviente. La "concha áurica" comprende varias capas, cada una diferente pero interconectada con este espacio. El aura ha sido designada con frecuencia como un "halo," y se la representa en pinturas religiosas, especialmente en aquellas de Jesús, los santos y los ángeles.

El aura abarca la esencia del ser vivo al que rodea y proyecta los pensamientos, deseos y los estados mentales, emocionales, físicos y espirituales de la persona. Los dones espirituales innatos de una persona se encuentran claramente definidos en el aura y he tenido el privilegio de ver muchos de los talentos y aptitudes de una persona cuando miro su aura.

Por ejemplo, en un taller reciente, vi notas musicales de colores brillantes sobre la cabeza de una señora. Le pregunté si se dedicaba a la música y respondió, "Sí. Siempre he tenido facilidades para la música, pero nunca en realidad me he dedicado a ella profesionalmente".

Cuando escucho que una persona tiene facilidades para algo, pero no hace nada al respecto, siento que esa persona no está en contacto con quien es realmente. Si esta señora hubiese utilizado sus habilidades musicales naturales, habría tenido grandes éxitos en este campo. Sin embargo, el miedo, las circunstancias de la vida, las situaciones familiares u otras razones pueden haberla llevado a no utilizar sus talentos en esta vida. No necesariamente perderá su talento, pero éste no se desarrollará si no se usa.

No sólo es el aura una energía que nos envuelve, sino que penetra también en nuestro ser. El aura es un campo de energía lleno de color y sus colores representan nuestro nivel de vitalidad, capacidad mental, bienestar emocional y comprensión espiritual. El color predominante representa la parte dominante de nuestra conformación. Si una persona es muy espiritual y compasiva, tenderá a incluir más verde y púrpura en su aura.

Todos estamos protegidos naturalmente por nuestra concha áurica pero, en ocasiones, este caparazón puede gastarse si no se lo protege adecuadamente. Es posible que aparezcan grietas y huecos en él. Todo tipo de energía física, de fantasmas o de cualquier índole, puede penetrar a través de estas grietas y huecos. Cualquiera puede excederse al hacer algo y no ser consciente de estar perdiendo energía. Yo ciertamente no advertí que mi campo áurico estaba tan debilitado cuando hacía mi serie de televisión.

Un aura debilitada y poco sana puede ser también el resultado del abuso de drogas, alcohol, constantes pensamientos y creencias negativos y emociones de miedo y de enojo. Por otra parte, si estamos rodeados de lugares y de personas negativas, somos susceptibles a pérdidas de energía. Finalmente, una serie de enfermedades y dolencias pueden debilitar el aura.

Es importante recordar que nuestros pensamientos y

emociones afectan nuestras auras primero y, por último, se manifiestan en nuestros cuerpos físicos. Debemos recordar, todos lo días, de reforzar nuestras auras a través de la oración, la meditación y la visualización positiva. Estos son las maneras más efectivas de repeler y de luchar contra cualquier energía perturbadora.

EJERCICIO DE PROTECCIÓN 1: CIMENTAR Y EQUILIBRAR NUESTRA ENERGÍA

Es importante estar centrado y bien cimentado antes de comenzar cualquier meditación o visualización de protección. Es muy común tener más energía en una parte del cuerpo, y no tener energía suficiente en otra. Practicar este ejercicio ayuda a crear un flujo equilibrado y estable de energía, para poder mantener una conciencia energética del propio cuerpo.

1. Siéntese en una silla con la espalda derecha contra el respaldo. Esto asegurará un flujo apropiado de energía hacia arriba, hacia abajo y a partir de los diversos centros de energía o *chakras*. Cierre los ojos y concentre su conciencia en la mitad de la cabeza, en el *chakra* del tercer ojo. Tome conciencia de cómo se siente su cuerpo.

2. Respirar es uno de los elementos más importantes en cualquier ejercicio. La respiración es nuestro filtro de limpieza. Es importante saber que cuando inhalamos absorbemos nueva energía y cuando exhalamos dejamos salir energía usada.

3. Lleve su conciencia a las plantas de los pies. Imagine que sus pies son como troncos y que sus raíces se extienden desde las plantas de sus pies hasta el suelo, llegando al centro de la tierra.

4. Luego, imagine un tubo que va desde la base de la columna vertebral, por entre el suelo, hasta el centro de la tierra. Este tubo será utilizado para descargar cualquier exceso de energía que haya en el cuerpo y que ya no se necesita o se desea.

5. Mientras respira, imagine a la energía de la Madre Tierra, verde, que nos nutre, subiendo a través de las raíces de los pies hacia las piernas, la pelvis, el estómago y el corazón.

6. Mientras exhala, deje salir cualquier exceso de energía que pueda sentir en su cuerpo, a través del tubo adherido a la base de la columna vertebral. Visualice este exceso de energía como gris o marrón y déjelo fluir por el tubo hacia la tierra.

7. Después de inhalar y exhalar varias veces, imagine la luz brillante y dorada del sol suspendida varios metros por encima de su cabeza. Esta luz representa las energías cósmicas. Mientras inhala una vez más, deje que los rayos dorados del sol penetren a través del *chakra* de la corona ubicado en la parte superior de la cabeza, y bajen por su cuerpo a través de la cabeza, el cuello, los hombros, los brazos, la espalda y, finalmente, hasta el centro del corazón. Mientras visualiza la confluencia de las energías de la tierra y las energías cósmicas, sienta cómo se mezclan en su corazón.

EJERCICIO DE PROTECCIÓN 2:
RECONOCER ENERGÍA AJENA Y
ADHERENCIAS DE FANTASMAS

Una mujer se quejó alguna vez de que nada en su vida marchaba bien. "¿Qué me pasa?" preguntó. Miré su aura y le dije, "El problema no es que le pasa, sino quién le pasa. ¿La energía de quién estás cargando que invade tu espacio e influencia tus decisiones?"

Cualquier persona que piensa en nosotros, o con quien interactuamos, puede dejar una impresión indeleble en nuestra aura. Podría ser su esposo, esposa, madre, padre, hijo, empleador, empleado o vecino. La mayor parte de estas energías son inocuas, pero algunas pueden ser fuente de molestias y dolores físicos y emocionales. El siguiente ejercicio ayuda a liberarnos de estas energías parásitas.

1. Comience con el ejercicio para cimentar y equilibrar. Recuerde mantener un ritmo de respiración estable cuando practique este ejercicio.

2. Luego, imagine que está detrás de usted mismo, mirando su cuerpo. Mientras mira su cuerpo, sintonícese con el espacio que lo rodea. ¿Cómo es y cómo siente este espacio?

3. Con el ojo de la mente, visualice una pantalla blanca vacía frente a usted. Esta pantalla está rodeada por un jardín de tulipanes de colores.

4. A la pantalla están conectados unos anteojos especiales de energía. Tómelos y colóquelos sobre sus ojos.

Estos anteojos permiten detectar intrusiones de
energía.

5. Mientras contempla la pantalla con sus anteojos,
   recorra su cuerpo y el espacio que lo rodea, desde la
   parte superior de la cabeza hacia abajo. Tómese el
   tiempo necesario. No se apresure a terminar con este
   paso. Algunos tipos de energía son más difíciles de
   detectar que otros.

6. Mientras registra su cuerpo, advierta si hay ciertas
   zonas del cuerpo o del aura que parecen más densas,
   como si algún tipo de materia estuviese adherido a
   ellas. Cuando vea estos bolsillos de energía aglutinada,
   pida a la energía que identifique quién o qué es. La
   respuesta aparecerá en la pantalla. Si es la energía de
   una persona en particular, verá su cara proyectada
   sobre la pantalla. Si es un fantasma que se ha adherido
   debería ver algo proyectado en la pantalla. Puede ser
   la figura de una persona o una masa oscura. Si hay
   energía sobrante de un evento o situación particular,
   el evento aparecerá en la pantalla. Este paso es vital
   para retirar la energía de su espacio.

7. Cuando identifique la energía en la pantalla,
   ordene mentalmente a que esta energía salga de
   su espacio.

8. Luego, imagine que la energía no deseada es absorbida
   por los tulipanes del jardín. Mientras entra en los tulipanes y regresa a la Madre Tierra, se transmuta en
   amor.

9. Si la energía resulta ser un fantasma que no ha sido invitado, envíe mentalmente un mensaje al fantasma, diciéndole que ha abandonado el mundo físico y debe regresar a su hogar espiritual. Dígale que pida a un ser querido que venga y lo lleve a la luz. Si el fantasma coopera, un ser querido vendrá a buscarlo y le ayudará a cruzar hacia la luz. Recuerde que, sin su energía, un fantasma dirigido a la tierra pierde poder y no podrá permanecer en su espacio a menos que se lo permita.

EJERCICIO DE PROTECCIÓN 3: RECUPERAR LA ENERGÍA

¿Alguna vez se ha sentido totalmente exhausto al final del día, aun cuando no haya hecho tantas cosas como para sentirse tan fatigado? La fatiga puede ser un indicio de que hemos entregado una cantidad de nuestra energía a personas, lugares y situaciones. Cuando nos sentimos debilitados, estamos desequilibrados y esto afecta nuestro bienestar. El siguiente ejercicio ayuda a recuperar la energía que se entregó.

1. Siéntese en una silla cómoda, en un lugar donde no le molesten.

2. Comience con el ejercicio para cimentar y equilibrar.

3. Cierre los ojos. Regrese al comienzo del día, desde el momento en que se levantó de la cama. Recuerde todo lo que ocurrió durante el día, la gente con la que habló, los lugares donde pasó algún tiempo, etc.

4. Asegúrese de concentrarse únicamente en una persona y en una situación a la vez. Cuando vea la situación con el ojo de la mente, tome conciencia de la conversación que compartió personalmente, por teléfono e incluso por correo electrónico. Tome conciencia de que, con cada conversación, o incluso al solo pensar en alguien, se deja un poco de nuestra energía.

5. Luego, recuerde sus palabras y pensamientos y vea cómo abandonan la persona o la situación y regresan a usted.

6. Imagine esta energía entrando al *chakra* de la corona en la parte superior de la cabeza. Visualícela como polvo de estrellas dorado que ingresa a su espacio y lo llena de energía renovada.

TÉCNICAS DE PROTECCIÓN RÁPIDAS Y FÁCILES

La lluvia de luz

La mayoría de la gente se despierta cada mañana y no lo piensa dos veces antes de tomar un baño para limpiar su cuerpo físico. Pues bien, es posible también adquirir la costumbre de limpiar nuestro cuerpo espiritual mientras nos duchamos; de esta manera comenzaremos el día más ligeros y con mayor claridad.

Mientras se ducha, cierre los ojos e imagine que el agua se convierte en una cascada de luz blanca. Vea cómo esta luz blanca fluye por todo su cuerpo, desde la cabeza a los pies.

Mientras fluye, limpia los desechos psíquicos y la energía estancada. Esta energía no deseada fluye a través de las yemas de los dedos y de los dedos de los pies y se pierde por el desagüe. Al mismo tiempo, una energía fresca, limpia y poderosa ocupa su lugar. Para una protección adicional, visualice como esta luz blanca rodea la totalidad de su concha áurica, sellando cualquier grieta o hueco que haya en ella, para que ninguna mala energía pueda invadir su espacio.

El espejo reflector

Este es un ejercicio que puede practicarse antes de entrar a un lugar en el que pueda haber energía negativa y desea protegerse de los pensamientos y sentimientos de la gente. Imagine que un espejo de 360 grados rodea todo su cuerpo. El lado que refleja está del lado exterior y, por lo tanto, lo protege. Cuando lleguen pensamientos, el espejo los reflejará y los devolverá a su fuente.

La capa

Cuando quiera ir a algún lugar y permanecer anónimo, imagine que lleva una capa de color oscuro que cubre todo su cuerpo, de la cabeza a los pies. Se asombrará de los resultados, nadie advertirá que usted está ahí.

La burbuja

Imagine una enorme burbuja que lo rodea por completo. Llene la burbuja con sus colores predilectos, aquellos que representen y reflejen su personalidad y hacen que se sienta amado. Con cada color, diga mentalmente, *Este color me protege contra cualquier negatividad que encuentre en mi camino.*

Luz rosada

Cuando esté preocupado por alguien —uno de sus hijos, por ejemplo— y quiera enviarle protección inmediata, visualice a esta persona rodeada de luz rosada. El color rosa representa amor incondicional. Al visualizar a la persona rodeada de luz rosada, le estamos enviando amor y protección.

Hágalos reír

Si nos encontramos rodeados de personas negativas y deseamos cambiar la energía y hacer más ligero el ambiente, podemos decir una broma, hacer un gesto divertido o cambiar el tema a alguno que cause risa. La risa es uno de los mecanismos de defensa intrínseco a la naturaleza. Puede convertir rápidamente la depresión o la tristeza en optimismo.

Nadie es inmune a las fuerzas oscuras del espíritu. De hecho, a una energía oscura le fascinaría invadir a una persona buena y absorber toda esta buena energía. A donde quiera que vayamos, rodeémonos siempre con la luz blanca del espíritu y recordemos que sólo nos toma algunos minutos protegernos de los vampiros psíquicos, tanto humanos como fantasmas.

ONCE

Una vida iluminada

Imagine decirle a una familia que vive en la miseria que hay un tesoro debajo del piso de la tierra de su rancho. Sólo tendrían que retirar las capas de polvo que lo ocultan y serían ricos para toda la vida. De la misma manera, no somos conscientes del tesoro que representa nuestra naturaleza espiritual, encubierto por nuestra propia ignorancia y engaño.

—Primera enseñanza de Buda

A lo largo del tiempo, he sido entrevistado por muchos reporteros en todo el mundo, y algunos de los más progresistas me formulan una pregunta que siempre me afecta: "Después de todos estos años y de cientos de miles de mensajes y hallazgos espirituales, ¿sigue considerando lo que hace como algo asombroso y milagroso?" Sólo tengo una respuesta: "Sí. Porque otra mente se ha abierto".

Hasta ahora, han aprendido algo acerca de los espíritus invisibles que nos rodean y acerca de los mundos que habitan —y quizás hayan llegado a apreciarlos. Ahora que han leído en este libro recuentos de primera mano acerca de los fenómenos espirituales, tal vez sus inquietudes acerca de la vida después de la muerte hayan sido respondidas, y es posible que otras hayan ocupado su lugar. Quizás su mente se haya abierto a una perspectiva completamente nueva sobre la vida, la muerte y aquello que existe entre ambas. Ciertamente espero que así haya sido.

Cuando comencé a comunicarme con los muertos por primera vez, era como un niño en una tienda de caramelos. Era una verdadera aventura cada vez que lo hacía porque, al ser este escenario todavía muy nuevo para mí, nunca sabía si los espíritus aparecerían y, si lo hacían, si podría verlos y comprender lo que deseaban comunicarme. Con frecuencia me preguntaba cómo harían las personas para ponerse en contacto conmigo y si podría ganarme la vida con este trabajo. Veinte años atrás los médium no eran tan populares como lo son ahora. De hecho en aquella época era raro encontrar un buen médium. Lo único que sabía era que debía ser leal a mí mismo y seguir la orientación que había recibido del más allá. Si en realidad estaba en el lugar que me tocaba estar, no tendría nada de qué preocuparme. Después de todo, mi trabajo era un plan que provenía del mundo espiritual y yo era únicamente una caja de resonancia. Siendo naturalmente curioso, encontré que escuchar relatos de los muertos era una situación perfecta. Así que abandoné la cautela y me dediqué por completo a mi trabajo. Desde entonces, he disfrutado cada minuto de él. No es demasiado exagerado decir que probablemente he experimentado, es-

cuchado, visto, sentido y presenciado todos los escenarios de
muerte imaginables y que he participado en todos los tipos
posibles de dinámicas familiares.

Inicialmente, me fascinaba mi trabajo porque era muy
profundo. Sentarse con una persona y transmitirle mensajes
de sus seres queridos que habían muerto, observar cómo una
persona deprimida, solitaria y golpeada por el dolor se transformaba y sanaba completamente ante mis propios ojos, era
profundamente conmovedor. Cuando les pedía a mis clientes que describieran sus experiencias, a menudo no podían
encontrar las palabras adecuadas para hacerlo. Una mujer,
sin embargo, me miró directamente a los ojos y dijo, "Fue
como ver la luz de Dios".

Estas conexiones le daban a la gente un nuevo deseo de
vivir y una mejor comprensión de sí mismos y del mundo en
general. Desde luego, yo ya tenía un sólido sistema de creencias antes de iniciar mi trabajo. Toda mi vida he sabido que
sobrevivimos la muerte. Así que cuando los fantasmas me
transmitían evidencias detalladas para demostrar su existencia a sus seres queridos, no sólo eran mensajes que mis
clientes necesitaban, sino que también me permitían aprender a sintonizarme con las dimensiones espirituales, a desci-
frar los sentimientos que animaban estos mensajes y a captar
los matices de las palabras. Mi trabajo me abrió la mente y
me enseñó a tener una actitud completamente nueva frente
a los vivos.

Cuando hemos sido tocados por las verdades eternas de
las dimensiones espirituales, no es posible regresar a nuestra
antigua forma de vivir. Todo lo que pensaba de la vida cambió totalmente. Era como si hubiera estado conduciendo un
auto toda la vida y súbitamente descubriera que podía tomar

un avión para llegar a mi destino. Una vez que experimenté el vuelo, no pude negar que existía. Podía ver el mundo a treinta mil pies de distancia y, con esta nueva perspectiva, mi conocimiento del mundo se extendió.

La vida es cambio y crecimiento. El cambio es la única constante que tenemos. Aun cuando esto es así, tener conocimiento espiritual no basta. Debemos tener también cierta cantidad de fe, confianza y valor para apartarnos de los sistemas de creencias limitados y de las expectativas que nos imponemos a nosotros mismos para ensayar una experiencia completamente novedosa.

El conocimiento es poder y la conciencia verdad. He aprendido que cuando se busca la verdad, es preciso hacerse responsable de uno mismo.

Usted, el lector, ha llegado a una bifurcación en su camino y debe optar por el camino a seguir. Puede considerar que este libro es una guía informativa y divertida al mundo de los fantasmas y regresar a su existencia cotidiana con la misma mentalidad que tenía antes de leerlo. O puede continuar su viaje de descubrimiento y abrir su mente y su corazón a la realidad evidente de que los fantasmas son tan reales como usted, y de que algún día usted también será uno de ellos. Sí, el fenómeno es asombroso, pero aún más asombrosas son las sorprendentes comprensiones y sencillas verdades que el mundo de los espíritus me ha transmitido, para que yo pueda compartir estos principios con usted y llevarlo de regreso a su fuente espiritual. Por ahora, usted está viviendo transitoriamente en una concha física en un entorno físico transitorio. Si realmente utiliza las ideas contenidas en este libro, su vida cambiará drásticamente.

¿Qué camino será el que elegirá?

Espero sinceramente que tenga el valor de elegir el camino menos transitado y explore estas ideas. De alguna forma podrán resonar en su alma.

EL SER SUPERIOR

Como seres, estamos compuestos de muchas partes. Es ridículo pensar que nuestra alma está limitada de alguna manera. El alma no es humana. Comprende vibraciones y frecuencias que van mucho más allá del ámbito físico. Cada vibración y frecuencia tiene una apariencia distintiva. Nuestro cuerpo está en el extremo inferior de las frecuencias del alma, es denso y se mueve con lentitud. En el extremo superior de la frecuencia del alma se encuentra la parte más pura de nosotros. Es nuestro "ser superior".

El ser superior es nuestra verdadera naturaleza divina. Ha sido designado como el "ser-Dios" o la "conciencia de Cristo". Nos conecta directamente con los ámbitos espirituales y trasciende nuestra conciencia limitada. El ser superior es un ser de alegría, amor, compasión y felicidad. Contiene los elementos incontaminados y buenos de nuestra alma que sólo aguardan a ser descubiertos y expresados. Cuando le decimos las palabras "Te amo" a otra persona, estamos proyectando los elementos de nuestro ser superior.

El ser superior es diferente del "ser inferior", o "ego", porque este último hace parte integral del ser "humano". El ego está completamente centrado en sí mismo; si lo utiliza mal o está desequilibrado, este ser se ve atrapado en las ilusiones del mundo físico y desea cosas que no puede tener. Hay muchos relatos acerca de personas que se proponen amasar grandes fortunas financieras porque creen que esto les dará la verdadera felicidad. Luego, ¿qué sucede? A pesar de su riqueza, siguen siendo infelices. Han cumplido su deseo únicamente para descubrir que es vacío y que no los satisface. Si estas mismas personas regalaran la mayor parte de su fortuna para beneficio de aquellos menos afortunados, sus almas se sentirían realizadas en su deseo de felicidad, porque la generosidad incondicional viene del ser superior.

¿Qué tan difícil es ir más allá de los bajos deseos del ego y tomar conciencia de los elementos superiores de nuestro verdadero ser? Recuerde que, en primer lugar y principalmente, ya somos espíritus. Nuestro ser superior ya existe. Estamos recordando lo que ya sabemos. A un nivel estamos programándonos de nuevo para tener esta conciencia. El camino a un estado de conciencia superior se logra con facilidad a través de la práctica continua de la meditación. Al comprometerse en un programa regularmente, es posible trascender los aspectos inferiores de nosotros mismos y aumentar nuestra vibración.

Junto con la meditación, encuentro también que es útil rodearme de las cosas que quiero. Por ejemplo, me fascinan las flores y los jardines así que suelo salir y participar de lo que me trae alegría y amor. La Ley Universal de "lo semejante atrae lo semejante" es clave para comprender que nuestro entorno influye en nosotros de maneras profundas e iluminadoras. Con el solo hecho de regar mi jardín y sembrar flores, me traslado a un estado de belleza y unidad con todo lo que me rodea.

CONCIENCIA

Como seres pensantes, nuestras mentes están constantemente produciendo algún tipo de comentario sobre la realidad del mundo que nos rodea y sobre nuestro mundo interior. Tomar conciencia es impedir que la mente vague para enfocar o tomar conciencia del momento presente. En mis talleres, describo con frecuencia la sencilla verdad de tomar conciencia de la siguiente manera: El pasado ya sucedió, no hay nada que podamos hacer al respecto, así que ¿por qué darle "energía de preocupación"? El futuro no ha sucedido aún, así que no hay nada que nos pueda inquietar acerca de él. Lo único que podemos controlar es el momento presente. Como lo dice el maestro espiritual y autor Eckhart Tolle, tomar conciencia es "vivir en el ahora." Al llevar nuestra atención de regreso al momento de "ahora", podemos comenzar a experimentar la plenitud de nuestras realidades internas y externas, y tomar una decisión consciente acerca de cómo deseamos usar nuestros pensamientos. ¿Tienen mérito nuestros pensamientos? ¿Están desarrollando algo positivo para nuestra experiencia de vida? ¿Son triviales, críticos o inválidos?

Cuando comencé la práctica de tomar conciencia —y, créanme, tuve que practicarla diariamente hasta convertirla en un hábito— fue realmente sorprendente presenciar cuánta basura salía de mi cabeza. Cuando analizaba mis pensamientos, advertía que muchos de ellos se basaban en inseguridad, miedo y crítica. Por otro lado, tenía también muchos pensamientos creativos, de perdón, compasivos y amorosos. Advertí asimismo que tenía el hábito de sentir la energía de otras personas y de apropiarme de sus problemas.

Es interesante señalar que, cuando estaba con un grupo de gente o en una situación particular, a menudo prejuzgaba a las personas o a la situación antes de experimentarla. Esto resultaba especialmente difícil para mí porque, como persona intuitiva, estoy recibiendo impresiones constantemente, así que me veía obligado a utilizar un enorme discernimiento para distinguir entre la mente del ego y algo que me llegara del espíritu. Tuve que aprender a vivir en el momento y no juzgarlo. Cuando conseguí vivir el presente, sin embargo, me di cuenta de cuánto más me divertía y de cuánta libertad sentía.

Con frecuencia la gente piensa que sólo podrá ser realmente feliz si cambia las circunstancias de su mundo exterior, pero he encontrado que en cuanto liberamos juicios, apegos y viejos hábitos, estos son sustituidos por felicidad. Cuando no nos aferramos a estas cosas, tenemos más espacio para la felicidad.

Los juicios son algo difícil de abandonar porque cuando juzgamos algo o a alguien, le damos vida. Cuando nos apartamos de juicio y permitimos que alguien sencillamente sea, comenzamos a observar la vida sin vernos atrapados en el drama.

A menudo me preguntan si se debe meditar para comprender la toma de conciencia. La respuesta es: no. Sé que a muchas personas les resulta difícil meditar y no quiero ser tan estricto en este aspecto. Es posible tomar conciencia cada día en las situaciones comunes que se presentan. Por ejemplo, practico la toma de conciencia al sentarme en el jardín y contemplar un árbol. Es posible que el tiempo cambie, pero el árbol sencillamente permanece allí. Sé que el árbol no está analizando las condiciones climáticas, sino únicamente experimentándolas. Siento también la toma de conciencia cuando observo los peces de colores que nadan en el pequeño estanque que hay en mi jardín. Los peces no juzgan su entorno; sencillamente nadan en el agua y son peces.

Les recomiendo que adquieran el ritmo de practicar sencillas tomas de conciencia cada día. Tomar control de nuestros pensamientos trae consigo una libertad sin precedentes.

LA EXPERIENCIA HUMANA

Como seres espirituales, hemos elegido regresar a esta tierra en este preciso momento para encontrar todas aquellas oportunidades que nos harán avanzar a nosotros mismos y a la raza humana en la evolución de la tierra. Cuando decidimos visitar de nuevo la tierra y ser humanos otra vez, decidimos también asumir todas las responsabilidades de la vida. La condición humana contiene miles de paradojas y contradicciones. Nuestro estado natural como espíritus es el de la conciencia expandida. Tenemos un conocimiento constante y el poder de crear a través del pensamiento y de las ideas. El secreto que nos ha eludido durante siglos es el de recordar nuestra naturaleza divina. Todo el poder que necesitamos está allí dentro de nosotros. Sin la conciencia de que somos seres espirituales que estamos teniendo una experiencia humana, permanecemos en la negación de la verdad. Nos convertimos en víctimas de las circunstancias en lugar de ser los creadores de nuestro destino.

Cuando ingresamos a esta dimensión que tiene un alcance limitado, nuestras identidades son algo elusivas. La mayor parte de nosotros intenta esta estadía buscando res-

puestas fuera de nosotros. Tendemos a buscar que otros
validen y midan nuestra propia valía y nuestra verdad. Sin
embargo, ¿quién nos conoce mejor que nosotros mismos?
Todas las respuestas que deseamos conocer se encuentran
únicamente dentro de nuestro propio corazón.

Cuando asumimos el cuerpo humano, cerramos los recuerdos de experiencias de vidas anteriores para comenzar
de nuevo con una conciencia clara. Este es realmente un momento de gracia que Dios nos concede. Pues si fuésemos
conscientes de nuestras travesías anteriores en esta tierra,
pasaríamos nuestro valioso tiempo obsesionados con las
cosas buenas y malas de nuestras otras vidas en lugar de vivir
esta vida y evolucionar como seres espirituales. Al comenzar
de nuevo cada vida, somos libres de elegir la realidad que
deseamos experimentar.

Cuando reencarnamos sobre la tierra, traemos con nosotros un diseño preliminar de todo lo que ha ocurrido antes.
Al elegir diversas personas y situaciones para experimentar
la vida, nos vemos abocados a situaciones que aceleran el
crecimiento de nuestra alma. Únicamente el mundo material puede ofrecernos tantas oportunidades de aprender y
suministrar una retroalimentación inmediata a nuestras acciones, errores y logros.

Somos seres humanos, racionales, encapsulados en una
conciencia espiritual ilimitada. De hecho, somos nuestra
conciencia. Todo lo creamos a través de la conciencia. Siento
un increíble respeto y admiración por la artista de hip-hop
Mary J. Blige. Ella es un ejemplo extraordinario de cómo
hallar dentro de nosotros el poder de cambiar nuestra realidad. Ella provino de una "olla", un lugar lleno de drogas

y crimen. Un día evaluó su vida y su entorno y se dijo a sí misma, "Voy a salir de aquí y voy a hacer algo con mi vida". Dice que le rezó a Dios —o, como me agrada decir, encontró su propio poder espiritual interior y asumió la responsabilidad de cambiar su realidad. Y lo hizo. Es una de las músicas más exitosas de la historia. Cuando Mary J. Blige optó por salir de su entorno negativo, no sólo lo hizo con el deseo de alcanzar el éxito y conseguir cosas buenas para ella y su familia, sino también para enseñarles a otros, a través de su éxito, que esto era posible.

He encontrado una y otra vez en mi trabajo que lo que más lamentan los fantasmas es no haber creído en sí mismos cuando estaban en la tierra. Desean que alguien les hubiera dicho que eran almas inmensas viviendo experiencias humanas. Si sólo hubieran conocido este poder cuando estaban vivos habrían podido creer más en sí mismos y habrían vivido de una forma diferente.

Como espíritu que vive una experiencia humana, puede optar por no sólo existir, sino ser plenamente consciente de vivir en un mundo limitado. Cuando se participa conscientemente en la vida y en su multitud de opciones, no permitimos que la vida nos suceda —hacemos que la vida suceda para nosotros.

EL PODER DEL PENSAMIENTO

Todo comienza con un pensamiento. Un pensamiento está vivo y es tan sólido como una piedra o un mueble. Los pensamientos se comunican a través de ondas o vibraciones. La materialización física del pensamiento cobra forma en las

palabras. Si la gente pudiera ver cómo son de efectivos y reales sus pensamientos, quedaría completamente estupefacta.
Cuando pasamos al mundo espiritual, parte de la revisión
de nuestra vida consiste en presenciar todos los pensamientos que tuvimos durante nuestra vida en la tierra. Rendimos
cuentas por estos pensamientos.

Pensamientos generales

Imagine que está sentado al lado de un estanque y lanza
una piedrita al agua. ¿Qué sucede? Instantáneamente se
forman ondas en todas direcciones. Los pensamientos son
como ondas: resuenan en la mente de los demás. Cuando
alguien transmite pensamientos positivos y amorosos, estos
pensamientos son recibidos por otras personas y producen
análogos pensamientos de amor. Por el contrario, las personas cuyo corazón está lleno de odio y celos transmiten pensamientos discordantes y suscitan odio y celos en la mente y
en el corazón de aquellos que aguardan pensamientos similares.

Enviar pensamientos

Un pensamiento es una cosa viva. Cuando pensamos es
como si disparáramos una bala al campo de energía de otro.
He visto miles de personas que llegan a mis talleres con el
aura llena de desechos psíquicos y formas de pensamiento de
sus familiares, amigos, colegas y vecinos. Hay fuerza y poder
en los pensamientos y debemos aprender a usarlos sabia-
mente y para el bien de todos. "Con nuestros pensamientos
podemos construir o destruir".

Pensamientos positivos

Un maravilloso ejemplo de cómo usar nuestros pensamientos de una manera positiva y amorosa es enviar oraciones de sanación a otra persona. Las oraciones y los pensamientos de sanación son los susurros del amor incondicional, dirigidos a alguien, para conseguir una reacción positiva en esa persona. En todas mis meditaciones en grupo, dirijo energía positiva a todos los que se encuentran en el salón. Es sorprendente cómo se siente la gente después de la meditación. Se sienten más abiertos y amorosos.

Pensamientos negativos

Lo mismo sucede al usar la fuerza creativa del pensamiento de una manera negativa. Las maldiciones son un ejemplo de enviar pensamientos negativos. Una maldición llega a una persona o a un lugar con toda la negatividad emocional que la acompaña y se adhiere a esa persona o lugar. Puede también alimentar la negatividad que ya existe en esa persona o lugar. Es importante señalar que si enviamos pensamientos negativos, recibiremos lo que hemos creado.

La intención de los pensamientos

El diccionario define *intención* como: "concepción de una cosa que se forma inicialmente a través de la aplicación directa de la mente al objeto, idea o imagen individual. Es extender o inclinar la mente hacia un objeto". Otra palabra que podríamos sustituir por *intención* es *manifestación*. Su objetivo es el mismo. La intención le da su dirección al pensamiento. Afir-

mamos lo que decidimos crear con nuestro pensamiento.
Para obtener el mayor beneficio de nuestra intención, es preciso que sea extremadamente específica y clara. No queremos dejar espacio para generalidades. Queremos manifestar
nuestro pensamiento en el mundo material exactamente
como lo diseñamos, así que no debemos dejar de lado los
detalles. Se sorprenderán enormemente por lo que recibirán
si lo hacen. Recordemos que, con la intención, estamos
dando forma a nuestro pensamiento. Imaginemos que estamos construyendo una casa. Tenemos el pensamiento de la
casa, del diseño, el tamaño y la ubicación. Todas estas intenciones acercan nuestro pensamiento a su manifestación. En
este caso, serían los cimientos de la casa. ¿Cómo podemos
construir una casa sin cimientos? Así, la intención forma el
pensamiento.

Concentración del pensamiento

Recordemos que somos personas creativas y que aquello en
lo que centramos la mente ocurrirá. Es asombroso cómo
funciona esto. Si queremos algo en nuestra vida debemos
primero pensar, poner nuestra intención y mantenernos cen-
trados en ello. Es como hornear una torta. El pensamiento
es el horno, pero es necesario mantenerlo horneándose con
la fe. Es preciso ver nuestro pensamiento manifestándose y
haciéndose realidad. Los ingredientes, o detalles específicos
de nuestro pensamiento, contribuyen a aclarar y a acelerar
su manifestación.

Se necesitan emociones

Cuanta más emoción pongamos en nuestro pensamiento, más poder tendrá para manifestarse. La emoción es la energía adicional que se necesita para proyectar el pensamiento en la realidad. Cuando visualizamos que nuestro pensamiento se convierte en realidad, ¿cómo nos hace sentir emocionalmente? Esto funciona todo el tiempo. Los niños juegan con su imaginación, pero están viviendo su juego como si fuese real. Nosotros también debemos jugar con nuestra imaginación para que nuestros sueños se hagan realidad. Tenemos derecho a vivir una vida feliz y llena de propósitos, y para hacerlo debemos tomar las decisiones espirituales correctas. Después de todo, lo que hacemos en esta vida es lo que llevamos a la siguiente.

EL PODER DEL MIEDO

El miedo es probablemente la emoción negativa más poderosa que tenemos. Tiene el poder de confundir la mente, aterrar e incluso de detener la vida. Siempre uso el siguiente ejemplo en mis talleres. La vida es una serie de elecciones. Cada elección refleja una creencia basada en el amor o en el miedo. Estas elecciones definen quiénes somos, cómo queremos vivir nuestra vida y cómo queremos ser percibidos. Si elegimos amar, entonces estamos usando la energía natural de la vida. Si elegimos temer, entonces estamos actuando en un estado antinatural. El amor es una energía que une todas las cosas. El miedo separa.

Recordemos un momento específico de la vida cuando hayamos tomado una decisión de gran trascendencia

—casarnos, divorciarnos, mudarnos, cambiar de trabajo o de carrera o tener hijos. ¿Eligieron hacerlo porque esto era lo que se esperaba de ustedes, o porque realmente les fascinaba lo que estaban por hacer? En otras palabras, ¿tomaron sus decisiones por el amor que sentían al hacerlo o por el miedo? Muchos de nosotros tomamos ciertas opciones porque sentimos que otras personas desean que lo hagamos, no porque sea lo que realmente queremos. Dado que la mayoría de nosotros deseamos sentirnos aceptados por nuestros seres queridos, y queremos adaptarnos a nuestros padres y a la sociedad, en ocasiones optamos por la elección antinatural y no por lo que desea nuestro espíritu.

Si descubrimos que hemos tomado decisiones basadas en el miedo, sabemos también que no vivimos la vida más feliz que podríamos tener. Si elegimos por amor, somos felices. El miedo habitualmente causa que todo esté desajustado: las cosas no parecen encajar bien, y sentimos que no pertenecemos. Es posible incluso que sintamos que nos estamos perdiendo de una parte muy importante de la vida. La energía del miedo parece limitarnos. Cuando uso mi clarividencia para registrar el cuerpo de alguien y descubro que tiene energía que proviene del miedo, lo que siento es que la fuerza vital de su cuerpo es más lenta; en ocasiones se ha detenido por completo. Lo contrario sucede también. El amor hace que la energía fluya libre y continuamente por todo el cuerpo.

Cuando la gente toma decisiones importantes para su vida basadas en el miedo, he encontrado que este miedo penetra sigilosamente en todos los aspectos de su vida. Tienen lo que llamo una vida "basada en el miedo", lo cual significa que todos sus pensamientos son miedosos e inadecuados, y que toda su perspectiva sobre la vida y sobre sí mismos es así también.

Todo pensamiento se basa en el amor o en el miedo. Cuando tienen energía basada en el miedo, atraen a personas con ese mismo nivel de energía. Por lo tanto, nada será honesto en sus vidas y las personas a quienes atraen no serán personas que se sientan realizados en sus vidas. En ocasiones, una solución basada en el miedo puede parecer más fácil, pero estará acompañada por dolor y penas.

Por lo general nuestros padres nos guían y nos enseñan a tomar decisiones. Muchas veces continuamos tomando decisiones basadas en lo que nos enseñaron. Sin embargo, nuestro ser interior puede llevarnos en una dirección diferente a aquella dictaminada por los deseos y creencias de nuestros padres.

¿Siempre es el miedo algo malo para nosotros? Desde luego que no. Hay temores sanos y malsanos. Por ejemplo, estoy conduciendo por la autopista y advierto que el conductor que está delante de mí se mueve de un lado a otro, pero permanezco atrás de él por miedo a que pierda el control del auto y choque conmigo. Este es un miedo sano porque estoy protegiendo mi vida. El miedo malsano es temerle a algo que no puede hacernos daño. Por ejemplo, si nos preocupamos por la baja del mercado de valores, este es un miedo malsano porque no podemos controlar el mercado de valores; lo único que podemos hacer es retirar nuestro dinero. Las cosas que nos obsesionan, pero que no podemos cambiar, tienden a generar miedos malsanos o irracionales.

Hay, desde luego, otro tipo de miedo, como el miedo al éxito, el miedo a la muerte, el miedo a la aceptación, el miedo a un ataque terrorista, el miedo a estar solo. Estos temores forman parte de la vida, pero debemos ponerlos en la perspectiva adecuada. Podemos usar este tipo de miedo para motivarnos o para cambiar nuestra vida, para crecer y para aprender y no para sofocarnos.

Organizaciones de toda índole controlan a la gente a través del miedo. La mayor parte de lo que escuchamos y vemos en la televisión o en el Internet nos inculca miedo. Es imperativo que tengamos un fuerte sentido de confianza en nosotros mismos y que pensemos en nuestras decisiones antes de tomarlas.

Es importante recordar que los fantasmas atados a la tierra, así como los más viles de los seres humanos, viven de nuestra energía de miedo. Cuanto más miedo manifestemos, más vida les damos.

La gente me pregunta si creo en demonios o en el diablo. Respondo que no necesariamente. Sin embargo, sí creo que la mente puede crear lo que quiera. He notado que, después de que limpio una casa de energía negativa, sus ocupantes a menudo observan, "Me siento increíblemente bien", o, "Siento que he recuperado mi poder". Y es cierto.

EL PODER DEL AMOR

La energía del amor es la fuerza natural más poderosa del Universo. El amor une todo y lo invade todo en el Universo. Es difícil definir el amor porque abarca la vida misma. El amor sana, ilumina y construye. Es el único elemento que puedo decir con seguridad que trasciende a la muerte. Muchas veces me preguntan, "¿Saben los espíritus que estoy pensando en ellos?" La respuesta siempre es, "¡Sí!" Más im-

portante aún, los espíritus sienten el amor que les profesa-
mos. Es la fuerza del amor la que une a las almas a través de
sus diferentes vidas. La razón por la cual realizo mi trabajo
es para demostrar que el amor nunca muere.

Cuando me comunico con fantasmas o cuando limpio lugares embrujados, me concentro en el amor. Puede cambiar
de inmediato a un espíritu díscolo o la energía estancada. Su
vibración acelera todo y lo lleva a un nivel superior de conciencia. Es interesante que cuando me toca transmitir un
mensaje de amor de un fantasma, debido a las limitaciones
del mundo físico, sólo puedo transmitir una décima parte de
la totalidad de este sentimiento.

Para muchas personas resulta difícil reconocer y aceptar
el amor. Les parece ajeno a ellas. ¿Podría derivarse esta difi-
cultad de la forma como fueron educadas? Sí, posiblemente,
pero también es probable que incidan en ello muchos otros
factores.

Cuando trabajo con clientes que no tienen el sentido de
amarse a sí mismos, hago un par de ejercicios que parecen
darles una comprensión completamente nueva de sí mismos
y un nuevo sentido de quiénes son. Comienzo por pedirles
que me digan algo que les fascina hacer. Supongamos que mi
cliente es una mujer a quien le fascina comprarse un traje
nuevo de vez en cuando. Le pido que visualice salir a comprar un traje, probárselo y mirarse en el espejo. Le pregunto,
"¿Cómo te hace sentir el traje?" Una vez que se conecta con
este sentimiento, le pido que lo analice, lo haga real e incluso
le dé un nombre a este sentimiento. Luego le pido que haga
una lista de sus cualidades personales que le dan este mismo
sentimiento y la animo a que mire la lista todos los días y le

agregue más cualidades. Después de una semana de mirar todos los días las cualidades que le dan esta maravillosa sensación, habrá conseguido una nueva conciencia de sí misma.

Otro ejercicio muy exitoso que he usado con mis clientes es pedirles que escriban en un papel, "Te amo [agregar nombre]", y pegarlo al espejo del baño. Deben repetir esta afirmación en voz alta tres veces en la mañana y tres veces en la noche. Hay un efecto de sanación único cuando centramos el amor en nosotros mismos. Este ejercicio también da, a quienes lo practican, un agudo sentido de autoestima y apreciación de sí mismos.

Cuando amamos incondicionalmente, usamos energía en la forma más alta posible. Cuando amamos sin reglas ni restricciones y aceptamos a alguien o algo tal como es, el amor puede crecer y evolucionar.

Pienso con frecuencia en las religiones y etnias del mundo. Me parece que Dios, o el Universo, nos ha creado de forma maravillosa a cada uno de nosotros como si fuésemos una faceta de un diamante: cada faceta es diferente y, en conjunto, las facetas forman un diamante brillante y hermoso. El carácter exclusivo y único es lo que hace bello al diamante. Todo sistema de creencias es bello en su conocimiento. Nadie es mejor que otro. Esta es solamente la ilusión del mundo físico. Sólo cuando podamos celebrar nuestra diversidad y amarnos los unos a los otros incondicionalmente, habrá verdadera paz en este planeta. Dado que aun no hemos aprendido a amar, seguimos matando nuestra propia especie. Esto pone al planeta Tierra en un nivel muy bajo en la escala de la evolución espiritual.

Cada uno de nosotros sólo puede esforzarse en su propia vida para demostrar amor cuando quiera que sea posible. Si suficientes personas enviamos amor, esta energía invadirá la ignorancia y la oscuridad de aquellos seres perdidos en sus mentalidades limitadas. Incluso en esa oscuridad, sin embargo, la energía del amor los encontrará. Quizás los vivos puedan aprender de los muertos y darse cuenta de que el ingrediente divino del amor nos puede liberar a todos de la oscuridad. Entonces podremos obtener una nueva comprensión, en un mundo físico iluminado por la luz divina.